KB270613

선영사

Sun Young Publishing Co.

주식, 왕초보 전문가 따라잡기

김상헌 지음

도서출판 선영사

주식, 왕초보 전문가 따라잡기

2000년 4월 10일 1판 1쇄 인쇄
2000년 4월 20일 1판 1쇄 발행

지은이／김상헌, 펴낸이／김영길, 펴낸곳／도서출판 선영사
본사／부산시 중구 중앙동 4가 37-11, 전화／(051)247-8806
서울사무소／서울시 마포구 서교동 480-1
전화／(02)338-8231, (02)338-8232, 팩시밀리／(02)338-8233
등록／1983년 6월29일 제 카1-51호
ⓒ Korea Sun-Young Publishing Co., 2000
잘못된 책은 바꾸어 드립니다.

ISBN 89-7558-322-8   03320

머리말

주식 투자의 왕초보자를 위한 이 책은 주식 투자에서 성공으로 이끌어가는 방법들을 다루었는데, 그 투자하는 방법들은 다양하다.

그러나 주식 투자에서 성공을 거두기에 앞서서 주식 투자에서 성공하지 못하는 요인들은 무엇인가를 숙고해 볼 필요가 있다.

그러한 요인은 다양하겠지만 그 중에서도 첫째, 욕망만을 가지고 주식에 투자하는 경우, 둘째 독선과 유아 독존이나 자만이며, 셋째가 우왕좌왕하는 태도이다. 이러한 요인들은 주식 투자에 임하기 앞서서 성공과 거리를 멀게 하려는 자세에 속하는 것일 것이다.

즉, 주식 투자에는 주식 철학이 있어야 한다. 주식 격언에 '따려고 하는 것은 잃으려고 하는 시작이다'란 것이 있다. 욕망만으로 시작하는 주식 투자는 냉혹한 승부 세계에서 통용되지 않는다. 또한 독선과 유아 독존과 자만을 피하기 위해서는 고집을 버려야 한다. 어느 한 작전에 고집을 계속하는 것도 주식 투자에서 성공과는 거리가 먼 것이다.

그리고 어느 결론에 도달했을 때는 우왕좌왕하는 태도는 금물이며, 끊고 맺는·절도 있는 행동도 중요하다. 그러고 난 후 주가의 속성을 이해해야 된다. 주식가에는 실체와 인기도 구별될 수 있다. 실체는 주가 변동이며, 신기술 개발·신제품 개발·인플레 경향·주가 경향·총선 결과 등이 주가를 움직이고, 미국의 금리 변동과 외환 변동, 뉴욕의 주식 가격과 외국인 투자 관련 및 국내외의 정치· 경제·외교·사회 문제 등이 또한 주가를 변동시킨다.

이러한 주가 실체와 함께 주가의 속성이 무엇인지를 이해하는 것이 필요하다. 이러한 설명을 이 책에서 초보자를 위해 하고 있다. 한 가지 밝혀 둘 점은 이 책이 처음 1994년 '고려미디어' 출판사에서 출간된 것을 선영사에서 개정 증보판을 펴내게 됐다.

선영사 편집부를 비롯한 사장님과 또한 편집에 애써준 많은 분께 감사한다.

2000. 3. 20.
저자 김상헌

차 례 1

제1부 주식 실전법 / 11

주가가 움직이는 것은? / 11

주가는 선행한다 / 13

챠트를 보는 포인트 / 15

주가는 사전에 예측하라 / 20

신용 매수 잔고 추이 / 22

주가가 젊어야 한다 / 24

주식 투자의 위력 / 25

보이지 않는 기운을 잡아라 / 27

이상 변동은 지속되지 않는다 / 30

상장에도 라이프 사이클이 있다 / 32

이런 주식을 피하라 / 34

큰 이익 종목부터 빠져라 / 36

주식 투자에 철학을 가져라 / 38

시대의 흐름을 보는 눈을 가져라 / 40

승리의 여신을 사라져가게 하는 것들 / 41

단기 투자는 종목을 좁혀라 / 43

장기 투자 선택 종목 / 44

일반적인 분산 종목 / 46

우량주만으로 구성되는 포트폴리오는 피하라 / 49

큰손이 개입하기 쉬운 종목 / 51

대형주의 특징 / 52

식품 주식 종목 / 53

차 례 2

섬유 제품 제조업 주식 종모 / 54
펄프·종이 및 종이 제품 제조업 종목 / 54
화학물 및 화학 제품 제조 주식 종목 / 55
약품 제조업 주식 종목 / 56
석유 정제품 제조업 / 57
고무·플라스틱 및 시멘트 제조업 주식 종목 / 57
제1차 금속 산업 주식 종목 / 58
조립 금속 제품 제조업 주식 종목 / 58
기계 및 장비 제조업 주식 종목 / 59
영상·음향·통신 장비·정보 통신 장비·전기 기계·전기 변환 장치 제조 주식 종목 / 60
자동차 및 트레일러 제조업 주식 종목 / 60
의료·정밀 광확 기기 및 시계 제조업 주식 종목 / 61
전기·가스 및 증기업 주식 종목 / 62
건설 주식 종목 / 63
도매 및 상품 중개업 주식 종목 / 63
소매업 주식 종목 / 64
육상 수송 운송업 주식 종목 / 65
금융업, 금융 관련 서비스업, 보험업 주식 종목 / 65
포트폴리오 / 66
투자 기간별 분산 / 69
종목 성격별 분산 / 69
업종별 분산 / 70
테마별 분산 / 70

차   례 3

3점 분산 / 71
초보자를 위한 300만원 코스와 500만원 코스 예 / 72
천만원 코스 예 / 73
2,000만원 코스 예 / 74
3,000만원 코스 예 / 76
5,000만원 코스 예 / 76
클렌 작정 실패 방지 방법 / 77
은행에서 말해 주지 않는 예금 약점 / 78
채권 투자의 장점과 단점 / 80
전환 사채 투자 / 82
인플레와 유사시에 강한 '금' / 85
부동산, 토지 신화는 사라졌는가? / 87
알아두면 이익되는 해외 투자 / 89
주주의 3가지 재미 / 91
증권 회사를 잘 선택하는 방법 / 93
증권 회사와 좋은 관계를 맺는 방법 / 97
올바른 주문 방법 / 99
증권 거래소에서의 가격 결정 수준 / 102
거래 종류와 방법 / 104
매매 수수료에 대한 주의 / 105
명의 서환을 내는 방법 / 106
주권 보관에 요주의 / 109
주식에서 손해를 보지 않기 위해서 / 111

주식 정보 정리술 / 116
공식 정보만으로는 승부할 수 없다 / 118
경제지·증권업계지의 이용법 / 120
TV·라디오의 주식 관련 뉴스 / 122
주식 투자 지침서는 신중하게 선택하라 / 123
주식 투자 지침서 이용 방법 / 123
주식 정보 창출 방법 / 125

제2부 코스닥 시장은 무엇인가? / 128
코스닥 시장이란 무엇인가? / 128
주매매 거래 시간 및 체결 원칙 / 131
매매방법 / 132
감리 종목 지정 제도 / 138
코스닥 시장 활성화를 위한 법률 개정 / 139
등록 요건 / 140
주식 분산과 공모 제도 / 145
베처 기업 기준 및 확인 절차 / 149
벤처 기업의 주요 혜택 / 151
스톡 옵션(주식 매입 선택권) / 154
등록의 취소 / 157

제3부 증권 거래법(발췌) / 161

제4부 증권 회사의 주가 지수 선물 거래 업무에 관한 규정 / 173

제5부 증권 회사의 주가 지수 선물 거래 업무 규칙 / 186

제6부 선물 거래 설명서법 / 193
1. 주가 지수 선물 거래 제도의 개요 / 193
2. 주가 지수 선물 거래의 위험 등 / 198
3. 한국 주가 지수 200 / 199
4. 거래의 내역 및 잔고 확인 / 201
5. 용어 해설 / 202

제7부 투자 상담사에 관한 규칙 / 204

제8부 주가 지수 선물 거래 업무 규정·시행 세칙 / 215

제9부 주가 지수 선물 거래 수탁 계약 준칙·시행 세칙 / 253

제10부 업무 규정·시행 세칙(발췌) / 279

제11부 수탁 계약 준칙·시행 세칙(발췌) / 287

제 **1** 부
주식 실전법

주가가 움직이는 것은?

주가가 매일 변동되는 이유는 다음과 같다. 주가는 하루에도 몇 번씩이나 변동하고 있다. 주식을 상장한 회사는 일주일이나 열흘 정도의 기간 가지고는 변동되지 않는다. 그뿐 아니라 하루 이틀 동안에 회사도 변동될 리 없다.

따라서 주가가 회사의 실체를 정확히 반영하는 것이라고 한다면 현실 주가의 움직임은 그렇게 쉽게 움직일 수 없다. 때로는 내용이 매우 좋은 회사의 주식이 크게 오르지 않는 경우도 있고, 거꾸로 적자를 보거나 배당이 없는 회사 주식이 크게 오르는 경우도 있다.

이유는 간단하다. 주식은 속성상 인기에 의해 좌우된다. 거기에다 주식은 지나치게 오르거나 내리는 속성을 가지고 있다. 바로 이 점을 투자자가 주의해야 하는 것이다. 주가는 당시 인기 증폭에 따라 실체 이상으로 크게 매매가 되어 버리기도 하고, 실체 이상으로 크게 매도가 되어 버린다.

현실 주가가 회사 실체와 일치한다는 것은 있을 수 없는 일로써 실제로는 회사 실체 이상으로 크게 오르거나, 회사 실체 이상으로 크게 내려 버리기도 한다.

이외에도 주가 변동을 일으키는 요인은 매우 복잡하여 회사 내용이나 이익 신장률, 당시 인기도만을 가지고 주가 변동을 설명하는 것은 불가능하다. 신기술 개발, 또는 신제품 개발과 같은 뉴스만으로도 주가가 크게 오르기도 하고, 인플레 경향·주가 경향·총선 결과 등이 주가를 크게 흔들어 놓는 것 외에도 미국의 금리와 외환 변동 및 뉴욕의 주식 가격과 외국인 투자 관련 등에 의한 해외 요인이 우리 나라 주식 시장에 영향을 미친다.

이처럼 국내외의 정치·경제·외교·사회 문제에 이르기까지 삼라만상 모든 것이 주가에 영향을 주고 있다.

여기에 주가 변동을 더 한층 복잡하게 하는 것이 바로 인간 심리이다. 이 인간 심리의 움직임이 주가를 더욱 복잡스럽게 한다. 사람 심리는 시장 인기라는 형태로 표출되어 상장은 '인기가 70%, 재료가 30%'라고 할 정도로 눈에 보이지 않는 사람 심리의 집약이라고까지 볼 수 있다.

따라서 투자가들은 주가의 움직임을 정확하게 점치기 위해서는 여러 가지 모든 자료를 분석하는 것 이외에도 이러한 심리와 인기를 알아야 된다.

마지막으로 신용 거래 동향이다. 신용 거래는 기업 업적과 같은 주가를 움직이는 일반적인 요인을 '외부 재료'로 부르는 것처럼 신용 거래는 시장 고유 요인으로 적용되어지기 때문에 '내부 요인'이다. 신용 거래를 이용해서 주식을 매매하게 되면 통상 6개월 이내에 반대 매매 형태로 결재가 이어진다. 이 때문에 기업 실체와는 무관하고, 직접 관계가 없는 매도와 매수라는 역학 관계가 작용된다.

신용 거래의 규모나 동향도 주가를 움직이는 요인이다. 특히 투자가들이 단기 투자로 재미를 보려고 할 때나 기관주와 같은 투기적 성격의 주식에 투자하는 경우에는 신용 거래 움직임에 각별히 주의해야 된다. 따라서 주가가 '실체'를 중심으로 움직인다고 생각하여 이론적만으로 투자하지 말아야 한다.

주가는 선행한다

여러 가지 요인이 복잡하게 섞여서 형성되는 주가를 단기적 움직임에서 벗어나 장기적인 시각에서 보면 주가를 결정하는 중요한 요인이 발견된다.

주가를 결정하는 요인을 발견하는 데 일정한 방법은 있을 수 없지만 경험에 비추어보면 아래와 같이 4가지로 좁혀진다.

1. 기업 업적
2. 차트
3. 수급 관계
4. 신용 거래

위에 4가지를 종합하면 승률이 높아진다. 시장 인기는 다 수급 관계에 해당된다. 주가를 움직이는 기본은 역시 '업적'이다. 장기적으로 볼 때 회사 업적과 수익 상황이 주가에 가장 크게 반영된다.

수익 수준이 높은 회사의 주식은 주가가 올라가고, 수익력이 약한 회사의 주식은 내려간다. 수익의 증대 경향이 있는 회사의 주가는 상승하고, 수익의 감소 경향이 있는 회사 주식은 하락한다.

이와 같은 수익 수준이나 수익 동향 이외에도 주가에 영향을 미치는 것은 '배당 이동'과 '증자'이다. 증배나 감배와 같은 영향에 대형주(철강 등)와 자산주(전력 등)를 대량으로 소유하는 보험 회사와 같은 기관 투자가나 개인 투자가들이 민감하게 반응한다. 우리 나라의 경우 상장 주식 전체 평균 이율에서 볼 때 철강주가 전력주가 안전하다고 보는 투자가들이 많다.

상장 주식 전반적으로는 배당 이익에다 증자, 그리고 캐피털게인을 가산한 '종합 이율'을 채산하는 게 현실적이다. 증자는 주가에 호재료로 작용한다. 이론적으로는 주식수가 늘어난 만큼 주식 가격이 내려가므로 소득이 없지만, 실제로는 증자하는 회사의 경우, 장래 업적이 밝기 때문에 언젠가는 내려간 주가가 원래 수준으로 되돌아와, 증자에 의해 늘어나 주식 수분만큼 득이 되는 기대에서 주가가 상승하는 경우가 많다.

최근에는 주주 활당으로 액면 증자나 무상 증자뿐 아니라, 공모 증자(시가 발행)가 늘어나 주식 한 장당 이익이 감소하는 것을 마이너스로 보는 시각이 작용하여 이전처럼 단순히 증자가 바로 호재로 이어져 환영받는 케이스도 드물어지고 있다.

주가는 기업 업적보다 6개월 또는 1년 정도 선행하며 이것이 '주가의 선견성'이다. 실제로는 호재가 작용해도 주가는 무반응을 보이거나 오히려 하락한다.

차트를 보는 포인트

주가는 장기적으로 보면 기업 업적이나 기업 내용에 의해 타당한 주가 수준으로 이동한다고 볼 수 있다. 그러나 주가는 '매도'와 '매수'의 관계에 놓여 있기 때문에, 이러한 관계에 놓여 있는 이상 그때 그때 매도와 매수의 '역학 관계'와 '인기'에 반영되어 투자가 심리의 움직임으로 인해 주가에 큰 영향을 미친다.

이와 같이 주가에 영향을 주는 요인도 여러 가지이고, 영향을 받는 형태도 다양하다. 거꾸로 보면 주가는 그 당시 주가에 영향을 주는 요인의 결정체이다. 이러한 결정체의 움직임, 즉 주가의 움직임을 그래프에 옮겨 놓은 것이 바로 차트이다.

차트는 미래 주가를 예측하는 데 사용된다. 차트를 사용, 미래 주가를 예측하는 방법을 시각에 따라서는 '비과학적'이라고 할 수 있으나, 주가의 속성상 주가는 이론만 가지고는 통용되지 않으므로 눈에 보이지 않는 인기나 심리를 파악하기 위한 방법으로 차트가 사용된다.

차트에는 다양한 종류가 있어 차트에 너무 집착하다보면 '나무만 보고 숲은 보지 않는' 실수를 할 수 있으므로 주의해야 한다. 차트를 읽는 포인트는 아래와 같이 3가지이다.

1. 파동(사이클)
2. 경향선(트랜드)
3. 형(패턴)

1. 파동(사이클)

차트를 보는 데 기본적으로 중요한 것이 사이클이다. 이 사이클을 명확하게 설명한 사람은 바로 1930년대 미국 차트의 분석가인 엘리엇이다.

그림과 같이 대체로 상승 파도인 경우, 상승 파도를 5번 치고 하락 파도를 3번 치는, 상승 5파 하락 3파이고, 또 대체적으로 하락 파도는 하락 5파 상승 3파로써 한 사이클을 이룬다.

이것을 다른 말로 바꾸어 보면 전자를 '3단 상승, 2단 하락', 후자를 '3단 하락, 2단 상승'이라고 한다.

이 파도 움직임의 상하 복을, 이를테면 3분의 1, 2분의 1, 3분의 2라는 포인트로 계산하여 상장의 가약과 방향을 찾아낸다.

이 방법은 일종에 경험적이지만, 주가 에너지의 성쇠와 투자가 심리 변화를 잘 투영한다는 면에서 실제로 투자가들에게 널리 사용되고 있다.

통상적으로 상승 상장은 3단 상승이 보통이나 때로는 2단 상승에서 상장 이동하는 경우나, 4단·5단까지 상승하는 경우에는 상승 파도를 주의 깊게 분석하면 그 속에서도 작게 3파로 분해되는 경우가 많다.

상승 파동의 최종 파로써 마지막 나타나는 파도는 상승폭이 한 단계 크게 나타나는 경우가 많다. 이것을 '거품 상승'이라고 부른다. 이 거품 상승이 나타나면 십중 팔구 천정에 달았다고 판단하면 틀림없다. 따라서 이 때는 매도를 하는 절호의 시기이다.

한편, 하락 파도에서는 3단 상승이 기본인 상승 파동과는 다르게

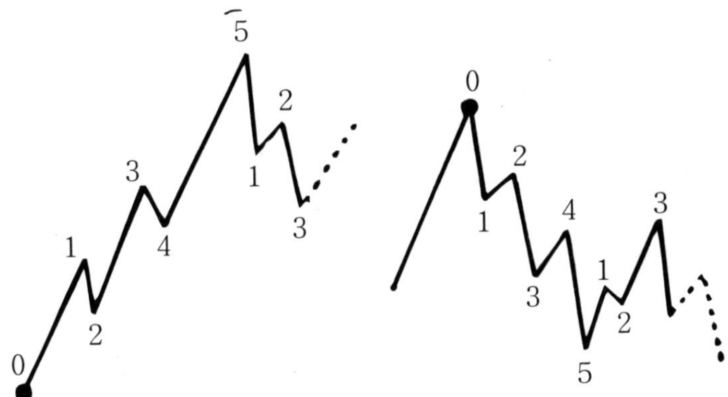

차트를 보는 포인트

하락 파동은 통상 2단 하락이 보통이다. 따라서 3단 하락까지 내려가는 일이 드물다. 또 하락 파동에서 하락폭이 클 경우에는 더블 보톰(2중 천정)이나 트리블 보톰(3중 바닥)까지도 생각해야 한다.

2. 경향선(트랜드)

주가의 움직임은 크게 상승 경향과 하락 경향, 그리고 교착 경향을 보인다. 주가도 물리의 관성의 법칙처럼 일정한 방향으로 움직이기 시작하면 도중에 갈지자를 그릴지언정 당분간은 그 방향으로 계속 움직이는 성질을 가지고 있으므로, 매매 타이밍 결정에 이 주가의 관성 법칙을 이용하는 방법도 투자 효율을 높이는 데 기여해 줄 것이다.

그림에서처럼 상승 트랜드인 경우, 주가가 상승 경향선 A·C가 골인 2이하로 떨어지는 일이 없이 반전하여 계속 뻗어가고 있다. 바로 B·D라인을 벗어났을 때는 매수를 해야 할 시기이다.

또 하락 트랜드인 경우, 주가가 하락 경향선 A·C가 C를 상회하는 일이 없이 떨어져, B·D라인을 벗어났을 때는 바로 가지고 있는 주식을 팔아야 할 시기이다.

상승이나 하락의 기조 변화는 주가가 이러한 경향선을 깨뜨렸을 때 일어나는 일이 많다. 또 주가가 저항선과 지지선 사이에서 교착 상태에 놓여 있을 때는 저항선과 지지선 사이를 크게 벗어나든지, 상장의 기조 변화를 나타내 준다.

저항선이 깨지고 그 때까지의 저항선과 뚫고 나간 주가가 P점까지 왔을 때는 절호의 매수 시기이고, 지지선이 깨지고 그 때까지의 지지선을 벗어나 주가가 Q점까지 되돌아왔을 때는 매도 찬스이다.

트랜드(경향)을 보는 호르몬

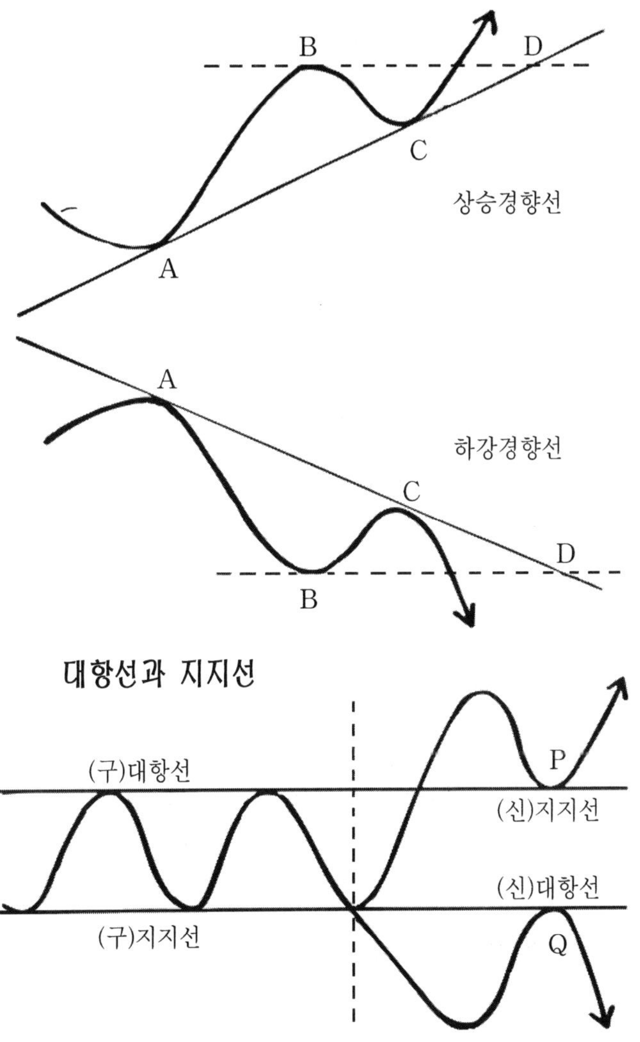

대항선과 지지선

3. 형(패턴)

패턴은 주가를 예측하는 데 사이클과 트랜드와 함께 널리 사용된다. 패턴은 대표적으로 '천정형'과 '바닥형'이 있다. 실제적으로 이두 가지 패턴은 상장에 있어 중요한 전환기에 자주 출현한다.

주가는 사전에 예측하라

대체적으로 물건값은 수요와 공급에 의해 결정되는 것이 원칙인 것처럼 주가도 예외는 아니다. 주가는 주식 수요의 매물·매도 물량의 크기는 변화가 심하여 통상 일치하는 일이 거의 없다. 따라서 이러한 불일치를 조정하고 있는 것이 바로 '주가'이다.

주식의 수요와 공급은 주가를 매체로 사후에는 항상 일치하지만, 이것을 잠재적이나 사전적으로 파악하는 것은 어려운 일이다. 주식 공급면에서 양적으로 비교적 파악하기 쉬운 것은 증자나 전환 사채의 주식 전환분 등 신주가 증가한 분일 것이다. 이러한 재료나 숫자에는 주의를 한다. 그러나 기존 발행 주식의 매도물의 파악은 어려우므로 시황 전체의 움직임 속에서 매매 물가의 상호 관계를 짚어봐야 한다.

한편, 주식 수요인 매수물은 실수요(현물)에 매수와 가수요(신용 거래)에 의한 매수분으로 분류된다. 이와 같은 것을 종합해서 투자 주체별 동향에 주목해야 한다. 다음은 개인 투자가·기관 투자가·외국인 투자가의 특징을 소개한다.

개인 투자가의 특징

개인 투자가의 특징은 시장 전체 웨이트가 높다는 것과 매매 회전율도 외국인 투신 등과 어깨를 나란히 하여 고수준인 것이 특징이다. 다시 말해 개인 투자가들은 캐피털게인을 추구, 결렬한 매도·매수를 반복하는 것이 전반적 경향이라고 볼 수 있다.

투자 행동면이라는 시가에서 보면 호재나 악재에 좌우되는 면이 강하게 나타나, 특히 신용 거래에서는 그러한 경향이 더욱 높게 나타난다고 볼 수 있는 것이 개인 투자가의 특징이다.

기관 투자가의 특징

투자신탁·사업회사·생명보험회사·손해보험회사·은행 등이 기관 투자가들이다. 기관 투자가들은 운용 방법면에서 보수적으로 상장에 대해서는 중립 요인 또는 바쳐주는 역할 등에 의해 움직이는 경우가 많았다. 그러나 최근 들어서는 여유 자금의 증대, 운용면에서 효율 추구라는 배경과 특정 금전 신탁 등을 이용하여 사업회사와 생명보험회사가 적극적으로 주식 투자에 관여하는 경향이 강하게 나타나고 있고, 자금량이 급속히 늘어나고 있는 연금 신탁과 함께 이와 같은 기관 투자 움직임이 주가에 미치는 영향은 점점 커져가는 경향이다. 또 투자신탁의 경우도 운용 실적이 공표되어 운용 자세가 적극적으로 변화되고 있는 것이 특징이다.

외국인 투자가의 특징

최근 들어 상당히 상장에 영향을 주고 있는 부분이 외국인 투자가의 동향이다. 종래에는 외국인 투자가의 투자액이 소액이라든가, 소극적 투자였으나, 최근에는 우리 경제의 펀다멘털이 좋아지고 있고, 우리 주식에 매력을 느끼는 외국인 투자가들의 투자액이 그 양상을 종래와는 달리하고 있어, 주식 운용 성과를 둘러싼 외국인 투자가들과 '파이' 분배를 둘러싸고 경쟁이 격화될 것은 필수이므로 주식 투자에 있어 외국인 투자의 동향 분석이 무엇보다도 중요하게 다루어지고 있다.

신용 매수 잔고 추이

신용 매수 잔고 추이에 주목해야 하는 이유는, 신용 거래 규모와 동향이 주가에 커다란 영향을 끼치기 때문이다. 특히 목전의 주가 움직임이나 6개월을 전후로 하는 주가 환경 파동을 예측하는 데는 빼놓을 수 없기 때문이다.

차트 북을 통해서 주가와 신용 매수 잔고가 자주 나란히 병행해서 움직이는 경우가 있다. 이것은 주가가 상승 무드를 계속 탈 때에는 신용 매수 잔고도 급증하는 것이 통례이다.

역으로 주가가 상한가를 치고 하락 추세에 돌아서면 신용 매수 잔고는 급격히 감소하게 된다. 단, 때로는 외국인 투자가들의 실수요 매수가 주가 상승의 주력이 되고 있는 경우, 주가가 상승하는 과정에서 신용 매수 잔고가 감소하는 케이스가 있기도 하다.

이러한 이유로 해서 신용 매수 잔고의 증가는 어떤 의미에서 주가 상승에 수반하는 현상으로 주가 상승을 부채질하지만, 주가 상승이 일단 멈추면 그 움직임은 금방 변화를 보인다. 다시 말해 신용 매수는 장래에 매도 요인이 되므로 주가의 상승세가 약해지면 그 후 상승에 걸림돌이 된다. 따라서 주가는 하락세를 향해 움직인다.

이렇게 되면 최장 6개월이라는 정지 기일이 되기까지는 주가가 움직이지 않을 때가 많다. 이렇기 때문에 투자 선택을 할 때에는 주가 움직임과 함께 신용 매수 잔고 추이에 주의를 해서 주가가 하락세에 있다든가, 또는 매수 잔고가 고수준에 있는 주식은 피하는 게 현명하다. 이러한 주식은 신용 매도에 오히려 알맞다.

한편 신용 매도 잔고가 통상 신용 매수 잔고와 수분에 1 또는 10분의 1 수준이므로 투자상 문제가 되는 경우는 거의 없다. 단, 주가가 이상하게 고가를 치고 있다던가 하는 경우, 매도자가 급증 매수 잔과 가깝게 접근한다든가, 또는 상회까지 하는 경우가 있다. 이런 경우에는 매수 쪽에서 가일층의 공세로 나와 주가가 급등하면 뒤통수를 얻어맞는 격이 되는 매도 쪽이 다시 손해를 보면서 매수를 시작하게 하는 유도 전략이다.

이것을 '거품 유도 전략'이라고 하는데, 거품 유도 전략이 전개되면 상승세가 계속 나타나게 된다. 그러나 소형주의 '거품 유도 전략'은 위험하다 하여 거품 유도 전략은 중형주나 대형주의 비교적 인기화된 주식에 나타나고 있다. 또 거품 유도 전략은 중형주와 대형주에서 비교적 많이 나타나는 편이다.

주가가 젊어야 한다

이상과 같이 기금까지는 기업 업적·차트·수급 관계·신용 거래 잔고 등을 통해 예측할 수 있는 요인과 포인트를 주목해 보았다. 이제부터는 이 요인고 포인트를 구사해서 실전적인 주식 선택 방법을 찾아본다.

실제로 투자 주식을 선택할 때 투자 효율이 높은 것은 주로 아래와 같다.

일단 떨어졌던 회사 업적이 회복 기미와 과정에 진입한 경우, 그러나 이것만 가지고는 주가 상승 조건이라는 측면에서 볼 때, 반드시 충분하지 않다. 이런 경우 우선 이 회사의 과거 주식 차트를 보고 적어도 과거 2~3년간에 걸쳐 주가가 크게 움직였는지 아닌지를 본다. 즉, '주가가 젊어야 한다.' 여기서 주가가 젊다는 것은 크게 주가가 움직였던 일이 없는 것을 말한다.

다음으로 이 회사가 성장 상품과 같은 호재를 가지고 있는지 아닌지를 본다. 성장 상품은 업적을 신장시키고, 주가에 중장기적으로 영향을 주는 최대의 요인이다.

실적에 V자형 회복과 이 회사 주식의 젊음, 그리고 성장 상품이라는 3가지 조건을 가지고 있는 주식은 파동 사이클과 상장 전체의 기조 등에서 판단해 보면 절호의 매수 타이밍이다.

그리고 여기에다 강력한 매수 사이드(외국인 개인 투자가 등)와 저수준의 신용 매수 잔고 등의 조건이 함께 어우러지면 이 때는 절호의 매수 찬스이다.

거꾸로 완전히 업적 부진으로 주가가 하한가에서 저미한 경우, 이러한 경우를 가지고 있는 주식은 매도물도 없어 약간의 자극으로 급신하므로 주의가 필요하다.

주식 투자의 위력

저금·예금·채권·전환 사채·금·부동산 등과 같은 운용 상품과 주식을 운용상 비교해 보면, 서로 다른 본질적인 장점과 단점, 그리고 운용상의 매력을 가지고 있다.

제각기 좋은 점이 있으면 결점이 있기도 하다. 요는 각자의 니즈나 각자의 능력에 맞게 가장 좋은 포트폴리오를 구성하여 투자를 하는 게 중요하다.

어떠한 투자이든 수익성과 안전성·환금성이라는 3가지 요소를 생각하지 않을 수 없다. 주식 투자를 이 3가지 면에서 찾아보자.

1) 수익성

수익성은 주식 투자의 최대 이점이다. 주식에 투자한 경우의 수익은 상승분에 대한 이익과 배당 수익 2가지이다.

우리 나라 주식의 경우 배당 이익이 그렇게 높다고는 할 수 없지만, 주가 상승분이 고수준으로 통계에 의하면 10년 이상 보유 주식의 투자 수익률은 15% 넘는 주식이 많다. 이것을 보아도 다른 금융 상품 운용에서 얻어지는 수익을 상회한다고 볼 수도 있으며, 주가 상승에 따른 재산의 감소를 막는 데도 효과가 있다.

또한 이것은 평균치에 대한 설명으로써 개별 주식에 따라서는 다른 금융 상품에서 찾아볼 수 없는 고수익률을 따내는 케이스가 많은 것도 주식이 갖는 장점이고, 주식은 다른 상품 운용에서는 커다란 조건과 제약이 되고 있는 '시간'의 벽을 깨뜨릴 수 있는 가능성을 가진 유일한 금융 상품이라 할 수 있다.

2) 안전성

안전성이라는 측면에서 주식을 바라볼 때에, 주식은 원금과 이율 두 가지 모두 불안정하다. 가격이 항상 변동하고 있으므로 매각 시점에서 반드시 살 때의 가격이 회수된다는 보증은 어디에도 없다. 배당도 업적이 부진인 경우에는 무배당 가능성까지도 가지고 있다. 배당 부분에 대해서는, 배당 이익이 적어 크게 영향이 경미하다고 해도 문제는 주가 하락에 대한 리스크 부담이 가장 큰 문제이다. 그러나 이러한 문제도 어느 정도 위험 방지를 할 수 있다. 이 방법에 대해서는 4부 〈주식 포트폴리오를 하는 방법〉에서 자세히 설명된다. 위험 부담 방지를 위해 분산 투자를 하는 것이 '포토풀리오 운용'이다. 주식 투자에 커다란 단점이라고 할 수 있는 안전성도 실제로는 어느 정도 방지되는 방법이 있다.

3) 환금성

환금성의 측면에서 상장 주식인 경우 발군의 환금성을 자랑한다. 공개된 증권 거래소에서 공정한 가격으로 언제든지 본인이 희망할 때 희망 주식의 주식량을 자유로이 사고 팔 수 있다.

이상 3가지 측면에서 주식 투자를 고려해 볼 때 안전성이 불안정하다는 것 외에는 수익성과 환금성 면에서 투자가들의 투자 여하에 따라서는 커다란 매력을 찾아볼 수 있는 것이 주식이다.

보이지 않는 기운을 잡아라

주식 투자에서 성공하기 위해서는 무엇보다도 '상장'이 무엇인지 상장의 본질을 이해해야 한다. 그런데도 실상 많은 투자가들은 이것을 오해하고 있거나 잘 인식하지 못하는 경우가 있다.

주식에서 성공하는 길은, 많은 사람들이 '지식'과 '경험'이라고 생각하거나, 또는 주가에 관계 있는 정보나 재료가 가장 중요하다고 생각한다. 이런 부류에 속하는 투자가들은 어느 정도 경험이 생기면 곧 신용 거래를 시작하거나 매매 기술을 구사하는 데 열중한다.

그러나 이것만으로도 결코 최후의 성공자는 될 수 없다. 그림에서처럼 상장의 세계는 크게 '실체'외 '인기'로 구성된다. 실체는 눈으로 볼 수 있는 부분이고, 인기는 눈에 보이지 않는 부분이다. 상장은 이 두 가지가 서로 엉켜서 움직인다. 실체는 비교적 알아보기 쉽지만, 인기는 비교적 알아보기 어렵다. 왜냐 하면 눈에 보이지 않는 사람의 심리라든지, 마음 속 계산이 중심이 되고 있기 때문이다.

이처럼 주식 투자에 있어서 '지식'과 '경험'은 무엇보다도 중요하다. 부언하면 주식 초기에 있어서는 주식에 의존하는 면이 클 수도 있으나 이후부터는 경험의 필요성이 대두되기도 한다.

이러한 이유는 다양하지만, 무엇보다도 주식 투자에 있어서는 눈에 보이지 않는 심리전을 치르는 것도 주식 투자에 있어서 경험이 필요한 이유가 되기도 한다.

심리는 마음 속 계산이 되는 것으로, 주식 투자의 투자가들의 심리가 주가에 영향을 미치는 면도 참고할 필요가 있다. 또한 눈에 보이지 않는 징후를 보다 빨리 알아내는 것이 주식 투자가에 있어서 투자 성공의 요인이 되기도 한다.

이처럼 실체와 인기는 서로 혼합되어 주가에 영향을 주기도 한다. 어떤 면에서는 주식의 실체는 주식의 지식으로 주식의 실체를 파악할 수 있으나, 주식의 인기는 앞서 언급된 심리가 가입되므로 주식 투자 성공 요인은 지식과 경험이 필요한 것이다. 지식과 경험은 실체와 인기를 파악하는 데 일조를 한다. 주식 투자의 성공은 승자를 의미하며, 승부의 세계는 승리와 패배만이 있을 뿐이다. 따라서 주식 투자에 임하기 전에는 주식 투자 성공을 위한 조건들 중에서 주식에 대한 지식, 그리고 주가의 심리를 파악하는 능력과 같은 이 두 가지 능력 등 종합적인 능력이 겸비될 때 비로소 주식 투자에 성공할 수 있는 준비가 돼 있다고 할 수 있다.

그뿐만 아니라 주식 투자 지침서에서 나오는 지식 외에도 주가에 미치는 기운을 미리 파악하는 것이 주식 투자 성공에 중요한 요인이 되고 있다.

이러한 기운을 파악하는 경우는 다음과 같은 경우이다.

첫째, 업적의 대폭적인 증액이나 감액, 둘째 신기술 개발이나 신상품 발표, 셋째 장기에 걸쳐 진행되어 온 업계나 기업의 환경 변화 및 체질 변화 등이다. 이와 같은 것은 그 시점에서 주가가 진동하게 된다.

그러나 이것도 발표된 후 주식 매도나 주식 매수를 하는 투자가는 달리는 열차의 마지막 칸의 난간을 붙잡는 격이다. 따라서 이 징후를 사전에 알아채어서 주식 매도나 주식 매수에 기민하게 대처해야 한다.

이러한 까닭에 주식은 눈에 보이지 않는 부분을 알면 주식 성공의 반을 차지하는 것이다. 따라서 주식 투자에 눈에 보이지 않는 '기운'을 읽는 것은 주식 투자 성공의 반을 차지한다.

승부의 세계에서 공통된 한 부분이 있다. 승부는 기술만으로는 이길 수 없다. 마음을 읽을 수 있는 능력과 함께 종합력이 없으면 이길 수 없다. 항간에 나와 있는 주식 투자 지침서는 많다. 모두 지식 나열이나 경험, 그리고 기술 해설이라는 실체면을 중점적으로 다룬 책들이 대부분이다. 이러한 실체면만 가지고 주식에 접근한다면 주식에서 성공할 수 없다.

그러므로 눈에 보이지 않는 징후를 미리 알아차려서 기민하게 대처 해야만 주식에서 성공할 수 있다. 이러한 징후를 알아내는 방법을 투자가에 따라 여러 가지 방법이 있지만, 지금부터는 일반적으로 많이 쓰는 방법을 소개하겠다.

이상 변동은 지속되지 않는다

상장이 이론적으로 변동하지 않는 이유를 설명하였다. 또 상장은 '인기'에 의해 움직이는 것도 설명하였다. 따라서 상장은 '인기'에 의해 움직이는 까닭에 '인기'를 읽을 수 있는 기술과 인기를 바라보는 시각이 있어야 한다. 상장은 '인기 70%, 재료 30%'로써 인기를 쫓아가야지, 인기를 저버리면 안 된다.

그럼 이러한 인기의 흐름이나 동향은 어떻게 알 수 있을까? 즉, 인기 동향을 차지할 수 있는 방법들은 어떤 것이 있을까? 이 문제에 대해서 심도 있게 소개해 보겠다.

과연 인기는 직접적으로 눈에 보이지 않는다. 그러나 반드시 '징후'나 '징조'를 동반한다. 그래서 징후나 징조를 알아내는 것은 주식 변동 움직임의 '크기'와 '내용', '추세 변화'에 주목해야 한다. 이것이 징후나 징조를 알아내는 방법이다.

먼전 이러한 방법을 알아내기 위해서는 '상장이 움직이는 범위'에는 자체 한계가 있다는 것을 알아둘 필요가 있다. 상장 변동에서 '지나친 인기'는 반드시 따라다닌다. 주식이 단시일에 주가가 2~3배로 뛰는 경우는 얼마든지 있다. 일시적인 수급 관계의 변화, 예상 외의 호재와 악재의 출현이 이것을 유발시킨다. 그러나 이러한 극단적인 붐은 얼마 안 가서 반드시 시정되어 제자리로 되돌아와 자체의 일정 범위에 안착한다. 이것을 '지상장'이라고 한다. (그림 참조)

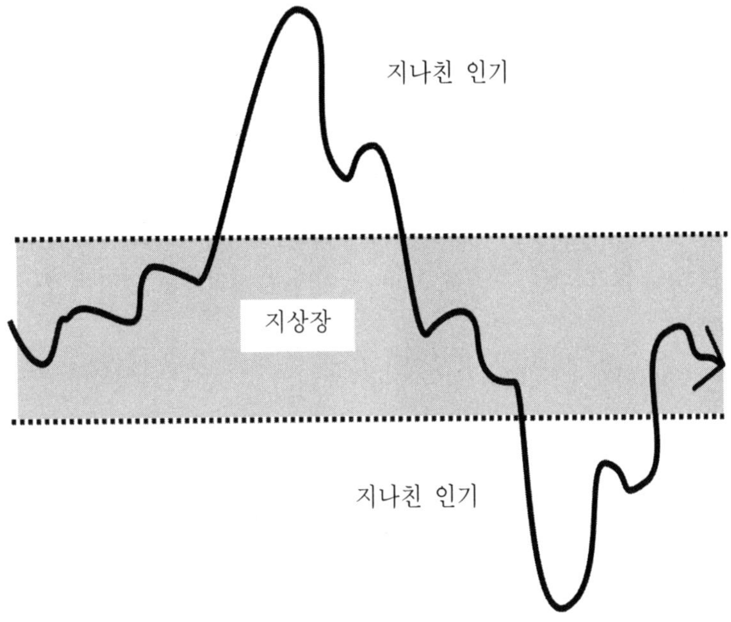

이상 변동은 지속되지 않는다

상장에도 라이프 사이클이 있다

'인기'를 읽을 수 있는 데도 또 다른 포인트가 있다. 상장에도 인간 세계와 마찬가지로 '영고 성쇠'가 있어 주식 가격이 아무리 오른다 해도 극단적으로 하늘까지 계속 치솟는 주가는 없다. 제아무리 호재가 속출에 속출을 거듭한다 할지라도 주가가 호재를 다 **흡수해**버려 천정에 다다른 주가는 남은 일이라곤 내려가는 일밖에 안 남는다.

인간의 탄생에 시작해서 성장기·청년기·중장년기·노년기를 순차적으로 거쳐 사망에 이르는 인간 세계의 라이프 스타일이 회사에도 일어난다. 상장이나 주가도 인간 사회에서 인간이 만들어내는 작은 세계이다. 그런 의미에서 라이프 사이클이 일어나는 것은 당연한지도 모른다.

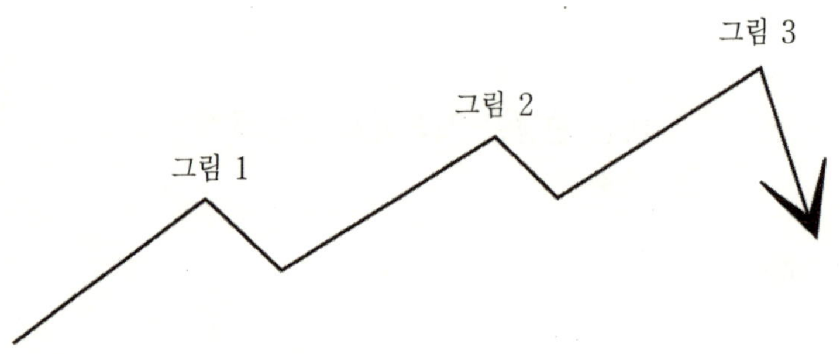

파동 역시 라이프 사이클의 기본을 가지고 있다. 아래 그림에서처럼 상장이 상승 파동(또는 성장 노선)에 들어간 경우(〈그림 1〉) 바로 여기에 주목해서 선행 투자를 하는 투자가는 극히 소수이다(1~2할 정도), 바로 이 사람들이 선견지명이 있는 사람들이다.

바로 그 뒤 상장에서 자율 조정에 의해 2단계로 상승한다(〈그림 2〉). 이쯤 되면 주목하는 사람들이 상당히 많아진다. 그러나 이 숫자도 전체의 반수를 넘지 못한다. 바로 여기까지가 주식 성공의 티켓을 갖는 사람들이다.

그 다음에 최후의 3단계 상승이 나타난다(〈그림 3〉). 이 단계에 들어오면 이미 대상이나 내용이 모든 사람들에게 알려진다. 즉, 유리하다든지, 매력 있는 내용이라든지 하는 것들이 모든 사람들에게 알려져 버린다. 그 결과 구입 희망자들이 줄에 줄을 서듯 늘어나 대상 가격이 점점 올라가기만 한다.

그러나 이쯤 되면 제아무리 유망주이고 성장 상품일지라도 그 내용이나 호재들은 주가가 다 먹어치운 시점이 된다. 따라서 상승률은 급속히 둔화하기 시작하고, 이렇게 천정에 다다른 주식 가격의 그 다음 향방은 불을 보듯 뻔해서, 남은 것이라곤 곤두박질치는 일만 기다리고 있다. 천정에 다다른 상장은 일전해서 하강 파동으로 진입한다. 여기서 주식을 산 사람은 헛다리 짚은 격이 된다.

이 시기(〈그림 3〉)는 매수를 할 단계가 아니고 〈그림 1〉과 〈그림 2〉 단계에서 매수한 사람들에게 있어서 절호의 매도 시기인 것이다.

그러면 〈그림 1〉에 들어서기 위한 방법은 무엇인가? 바로 이것이 선견지명이다. 주식에 선견지명을 키우기 위해서는 여러 안테나를 구사해서 〈그림 1〉과 같은 시기에 진입하려는 노력을 하는 수밖에 없다.

주식 투자에 승리자 그룹에 들어가기 위해서는 적어도 〈그림 2〉 단계에서는 들어갈 줄 알아야 한다. 〈그림 3〉 단계에서 투자에 들어가는 것은 실패만이 기다리고 있을 뿐이다. 그리고 이상하게도 대다수 사람들이 〈그림 3〉에서 투자를 시도해서 실패하고 만다. 주식 세계에서 승자는 항상 극히 소수이고, 패자는 항상 다수파이다.

이러한 라이프 사이클적 시각의 운용 포인트는 어느 정도 알려져 있는지, 또한 어느 정도 인기가 있는지 하는 지명도나 인기도가 정착해서 어느 정도 지났는지를 파악하는 것이다.

이런 주식을 피하라

주식과 투자, 그리고 사업 경영에 있어서 '인기'라는 라이프 스타일이 어느 단계에 있는지를 알아내는 것이 중요하다. 이러한 라이프 스타일 파악은 방법이 이렇다.

바닥세에서부터 상승폭, 그리고 천정권에서의 유지 기간을 검토한 후 비슷한 대상과의 수준 비교를 한다. 여기에 많은 사람들에게 어느 정도 알려져 있는지 하는 대중 인기도 찾아본다. 대중 인기도는 라이프 스타일을 알아보는 중요한 요소이다. 성공하는 투자가들 사이에는,

"대중에게 알려지면 끝이며, 주가는 먼저 간다."

라는 상장 격언이 있다. 이 격언은 주가가 선행하므로 많이 알려지

기 전에 대처하는 것이 현명하다는 뜻이다.

주가가 거의 천정에 다달은 것으로 생각되는데, 혹시 아직 천정까지는 간격이 남아 있는지 아닌지, 또 이미 피크에 달했는지 아닌지 알기 위해서 성공하는 투자가들은 물론, 기업 업적이나 수습 관계, 그리고 신용 거래 상황 및 차트와 현재 가격 등을 종합적으로 검토하여 판단하는 기본적인 방법을 쓰지만, 그 외에도 전혀 다른 접근으로 여기서 말하고 있는 '대중 인기도'를 검토한다.

그 방법은 구체적으로 TV나 일반 신문, 그리고 특집 기사나 방송으로 보도가 되었는지 아닌지를 체크한다. 보통 때는 주식을 사지 않는 사람들이 그 주식은 수익성이 있을 것 같다고 하여 사고 있는지 아닌지를 체크한다. 다시 말해서 시장에서 참여하고 있는 사람들의 레벨이 '대중'에 이르는 범위까지 확대되면 이번에는 신문 방송과 같은 대중 매체와 주식 시장의 독특한 열기가 나오기 시작한다. 이렇게 되면 거진 천정에 다달았다고 생각하면 된다.

이상에서처럼 많은 사람들로부터 인기가 집중되어 있으며, 오히려 경계하기 시작해야 할 때이다. 이를테면 그 상품은 거의 성숙기에 다달았다고 봐야 한다. 따라서 투자의 매력은 거의 떨어졌다고 보고, 다른 투자 대상을 찾아나서야 한다.

그러므로 주식 시장은 모든 사람이 똑같이 커다란 성과를 올릴 수 있도록 상승만 하지는 않는다는 것을 주의해야 한다.

큰 이익 종목부터 빠져라

'90년대는 '1등만 살아남는 시대이다.'

길을 거닐다 느껴지는 감촉이나 정보를 모아보면 이전과는 다른 양상을 거리에서 느낄 수 있다. 길가에 있는 상점들 중에서는 이전과 똑같은 간판을 걸고는 있지만, 전혀 장사가 되지 않는다든가, 종업원의 월급을 제대로 주지 못하는 곳이 있는가 하면, 밝은 조명과 요란한 음악을 틀고 있는 가전 제품 매장들 중에서는 기간 손익으로 보면 적자를 내는 곳도 많다.

이러한 경향은 정도의 차이는 있다고 해도 대형 슈퍼 마켓이나, 백화점 등의 유통업계나, 병원·의원 등의 의료 기관, 은행과 같은 금융 기관에도 일어나고 있다.

주식 시장에서도 각 상장 종목들 중에서 주가에 비슷한 경향이 일어난다. 증견 우량주를 중심으로 주가를 절상하는 쪽도 있는 한편, 여전히 주가가 저미한 상태로 십 년을 하루와 같이 전혀 주가가 움직이지 않는 그룹도 있다.

"1등만이 살아 남는다."

라는 게임은 주식 세계에도 적용되는 듯하다. 이러한 경향을 물질 중심의 고속 성장 시대가 물질 보급이 포화점에 달함으로써 제로 성장 시대로의 이행에서 수반되는 자연 조절 현상이라는 시각이 있다. 이러한 상태에서 사업주나 경영자의 대응은 크게 둘로 나뉘어진다. 먼저 한쪽은 시류에 편승하려는 그룹이다. 대형 아파트 건설을 주로 하던 업자가 발 빠르게 소형 아파트로 분양을 바꾼다든지, 대형 소매점이 도시락 체인점의 산하에 들어간다든지 하는 사업주들은 시대에 편승하는 제1그룹이다.

이러한 그룹의 목적은 1착으로 상장에 진입하려는 그룹이다. 또 이러한 그룹은 전체의 1~2할 정도에 지나지 않는다. 그 외 나머지 그룹은 당면 추이를 지켜보는 그룹이다.

이 그룹을 또 둘로 나눠보면, 첫째는 시대 감각에 둔감하여 시류를 읽을 수 없다든가, 혹은 시류를 읽었다고 결단을 내릴 체력이나 용기가 없는 그룹으로 제2그룹이다. 제3그룹은 시류도 읽을 수 있고 체력·용기도 있지만, 신중하게 제1그룹이 동향을 주시하고 있다. 이렇게 나누어보면 제2그룹이 압도적으로 많아 전체의 6~7할을 차지하고, 제3그룹이 나머지 1~2할을 차지한다.

이렇게 비즈니스 세계의 움직임을 보면 '1등만이 살아남는 시대'의 재산 운용 작전에 유익한 두 가지 교훈을 얻을 수 있다. 첫째는 가장 크게 투자했던 것에서부터 빠져나오는 것이다. 주식이나 장사에 커다란 찬스나 상장은 수년에 1번밖에 없다. 이 때 재산을 모았다면 다음은 손해를 보지 않기 위해 주의하는 것뿐이다. 그러나 이것은 실제로 행동에 옮기는 사람은 드물다. 한때 성공을 거두었어도 시류 편승을 못 해 결국은 원점으로 되돌아가는 사례는 얼마든지 볼 수 있다.

이러한 의미에서 제2그룹과 같은 그룹은 요주의해야 한다. 우유부단하여 문제를 바라보기만 하다가 시류에 처져서 쌓아 놓았던 토대에 금이가는 경우이다. 대체로 성공했다고 해도 본인의 자질, 노력보다는 어쩌다가 시류의 운이 통했던 케이스가 많다. 시류를 탄다는 것은 성공을 거두는 데 있어서 상상 이상으로 성공한 것처럼 착각해서 시류 변화에 쫓아가지 못하고, 종래 사업에 고집하거나 이전에 재미를 보았던 것을 계속 고집하다가 결국은 원점으로 되돌아가는 케이스가 많다.

진정으로 투자 달인은 '더 있을 것이라고 생각할 때가 실제로는 더 이상 없을 때이고', '이익은 많은 사람들 힘', '쉬는 것도 돈 버는 방법' 등의 상장 격언의 의미를 잘 알고 있다.

그러므로 한 가지만을 계속 고집하지 않고, 시류에 잘 편승하려고 노력해야 하며, 자신이 없을 때는 빠지는 것이 투자에 있어서 중요함을 의미하고 있다.

주식 투자에 철학을 가져라

주식 투자는 이익을 보거나 손해를 보거나 하는, 손등과 손바닥 세계이다. 이 세계에서 살아남기 위해서는 나름대로의 철학을 가져야 한다. 전 페이지에서 소개된 제1그룹은 '선행형', '편승평', '한탕주의형'으로 혼합된 혼성 부대군이다.

제1그룹의 기본적인 전략은 움직이기 시작하는 변동을 보고 중간에 올라타기 때문에 잘 하면 성공을 거둔다. 여기서 중간은 중간에서까지 참여하는 그룹까지가 성공할 수 있고, 그 이후에 참여하는 그룹은 시기적으로 늦다. 이 타이밍이 너무 빨라도 선발대로서의 가치는 있으나 리스카가 그만큼 클 뿐이고, 너무 늦어도 윈님 지나가는 데 나팔 부는 격이다. 대부분 무난하게 성공을 거두는 투자가들은 이 부류에 속해 있다.

이 부류에서 조금 더 앞서 가기 위해서는 나름대로의 '철학'이 있어야 한다. 철학이 없으면 다른 레이서들에 휘말려 부화뇌동이 되거나 도중에 낙마하는 운명이 된다. 한편 제2그룹은 어느 그룹에 비해서도 경쟁이 치열하다. 여기에서 살아남기 위해서는 사람들에게 좌우되지 않는 자기 나름대로의 가치 판단의 척도가 필요하다.

주식에는 '포기가 성공'이라는 상장 격언이 있다. 설명된 제1그룹들은 변동 초기에 매수를 하려고 하므로 시기가 매우 중요하다. 1· 2그룹들은 상장이 중간 단계까지 왔다고 생각하면 매수 주문을 내려고 하는데, 이외로 변동 흐름이 빠르고 변화가 격심해서 아무래도 시기가 늦은 것 같다는 것을 알았을 때는 주저없이 후퇴한다. 이 경우 미련을 가지고 끌려 들어가다보면 상처만 커질 뿐 아니라, 경우에 따라서 치명상을 입는 일도 있다. 시기를 놓친 작은 실수를 작은 실수로 끝낼 수 있는 '철학'을 가지고 있어야 한다.

주식 투자에서 "우왕좌왕"하는 것도 나쁘지만, "유아독존"식 투자도 금물이다. 자기 나름대로의 주식 투자에 대한 시각이나 시점이 정해져 있지 않으면, 상황 변화에 휘말려 결국은 자기 자신의 위치 방향을 상실하게 되어서, 결국은 주식 투자라는 격렬한 전투에서 살아남는 길은 요원하게 된다.

시대의 흐름을 보는 눈을 가져라

주식 투자에는 견고한 투자 방침과 운용 기술이 필요한 것은 물론일 뿐만 아니라, 여기에 뒤지지 않고 필요한 것이 '시대의 흐름을 보는 눈'이다. 이 두 가지가 합치했을 때 비로소 커다란 투자 성과가 나타나게 된다.

다음은 주식 시장에서 성공하는 투자가로 알려져 있는 김모씨 경우의 성공 사례를 들어본다.

김모씨의 경우, 그도 최초부터 성공한 주식 투자가는 아니었다. 주식 지장에 처음 투자를 했을 때는 이익을 보기도 하고 손해를 보기도 하는, 이익과 손해의 반복이었다. 그 후 그는 안전하고도 유리한 주식을 거래하면서 어느 정도 전법을 연마해 나가는 동시에, 조금씩 재산의 기초를 다져나갔다.

그러나 이러한 방법으로 재산을 모으는 데도 한계가 있는 것을 깨달은 그는 시류를 보기 시작했다. 그가 몇 년간 증시 활항 이전에 주식을 사 모으기 시작했다. 그가 주식을 사 모으기 시작한 근거는 우리 경제가 고도 성장을 나타내고 있고, 두 자리 숫자의 연평균 경제 성장률이 이를 말하고 있다고 인식했다.

그의 인식은 적중했다. 증시 활항 이전에 싼값으로 매수하였던 주식은 급등세로 치솟았다. 그 때 많은 재산을 모은 그는 다시 한 번 조류를 파악하는 것이 중요함을 또 깨달았다. 그는 가지고 있던 주식을 몇 년 전에 전부 되팔았다. 그가 되팔기 시작하고 주식에서 빠져나온 근거는, 그 당시처럼 증시 활항으로 전국민이 증권에 손을 댈 정도라면 '파이'는 더 이상 나누어 먹을 게 없다는 인식이었다. 이번에도 그의 인식은 적중하여 여러 경제적인 요인에 의해 주식 시장은 폭락했고, 주식 시세는 깊고 긴 겨울잠에 들어갔다가 지금 겨우 비로소 기지개를 피고 있다.

이와 같은 실례를 통해 시류를 읽고 방침을 세워 미연에 대처하는 중요성을 새삼 통감할 수 있다. 또한 미래에 확신이 안 설 때는 미련 없이 빠져나와 포기하는 것이 돈을 버는 것이라는 주식 격언은 지금의 종합 지수가 증시 활항 당시의 3분의 1 수준이 잘 이해시켜 주고 있다. 단기적으로 아무리 목전 주식 시세 추이를 잘 파악하고 있고, 운용 테크닉이 뛰어난다고 해도, 장기적인 전망으로 시류나 조류를 파악하지 못하고 커다란 성공을 거두기란 어렵다.

승리의 여신을 사라져가게 하는 것들

주식 투자에서 성공하는 요소로써 지식과 기술 이외도 인기도와 시류나 조류를 파악하는 중요성이 잘 이해되었을 것이다. 그런데 주식 시장은 승리와 패배만이 존재하는, 먹느냐 먹히느냐의 시계이다. 인간의 욕망과 욕망끼리가 격렬하고 치열하게 격돌하는 현장이다.

이러한 세계에서 최종적으로 승리자가 되기 위해서는 자신이 가지고 있는 모든 능력과 기술을 모두 발휘한 후에 마지막으로 '승리의 여신'이 미소를 지어 주어야 하는, 승리의 여신으로부터 '총애'가 있어야 한다.

자기로부터 멀어져 가는 승리의 여신이라든지, 자기로부터 멀어져 가는 승리의 여신의 뒷모습밖에 볼 수 없는 주식 투자가가 대부분이다. 승리의 여신이 자기로부터 멀어져 가는 것을 막기 위해서는 멀어져 가게 하는 요인을 찾아내야 한다.

요인 중 첫째가 욕망만으로 주식 투자를 하면 승리의 여신은 멀어져 간다. 반드시 '철학'이 있어야 한다.

이를 의미하는, '따려고 하는 것은 잃으려고 하는 시작이다'라는 주식 격언이다. 철학 없는 욕망 안의 주식 투자는 결국은 냉혹한 승부 세계에서 승리의 여신을 멀리 가게 한다.

둘째가 '독선', '유아독존', '자만'이다. 한 시기에 주식 투자로 성공한다고 해서 유정천이 되어 있다든가, 똑같은 작전을 계속 고집한다든가 하는 것은 승리의 여신과 멀어져 가는 요인이다.

세 번째는 열심히 생각하고 검토해서 어느 결론에 도달했을 때이다. 거기에다 다시 한 번 근거를 찾아보기 위해 재확인을 하고 난 후 어느 종목에 결정하려는 순간 '혹시' 하면서 저쪽 종목이 아닌가 하고 우왕좌왕하는 것도 승리의 여신을 사라져가게 하는 요인이다. 승부 세계에서 우왕좌왕은 금물이며, 끊고 맺는 절도 있는 행동이 중요한 것이다.

최종적으로 승리의 여신이 미소를 지어주게 하기 위해서는 시작에서 끝에 이르기까지 시종 소신 있는 투자 철학을 유지함이 무엇보다 중요하다.

단기 투자는 종목을 좁혀라

여기서부터는 〈실전편〉으로, 종목 선택법·매매 기술·업종별 주가 습성을 설명하겠다. 주식 투자에는 단기 투자·중기 투자·장기 투자로 구분되고, 이 구분에 의해 종목 선택이나 매매 방법이 달라진다. 이 구분을 기억하고 있지 않으면 안 된다.

기간 설정에 반드시 정해진 정의가 있지는 않지만, 일반적으로 단기는 1~2개월, 중기는 반 년, 장기는 1년 이상으로 지칭한다. 일반 투자가 기관 투자가들도 기간을 이런 시각으로 보고 있다. 투자가에 따라서는 좀더 짧게 기간을 보통 투자가들도 있다. 예컨대 단기 투자가 1~2주간 전후, 중기 투자가 1~2개월 정도, 장기 투자를 6개월 전후로 보는 시각이다. 이런 시각으로 기간을 보는 투자가들은 대부분 주식 투자에 대단히 열중하는 개인 투자가들이 많다. 어느 경우이든 자기에게 맞는 기간 척도를 가지고, 거기에 맞는 종목을 선택히고 투지 전술을 구사해야 된다.

단기 투자에서는 그때 그때의 인기 주식이나 그때 그때 움직임이고 있는 종목을 선택한다. 이것을 잠시 상승하는 이익들을 챙기는 것을 목적으로 하고 있으므로 종목을 넓혀서는 안 되고 좁혀야 한다. 그리고 예상이 틀렸을 때는 처분을 빨리 하는 것이 포인트이다. 단기 투자에서는 주식 시장의 인기나 흐름, 매매 타이밍, 수급 관계를 파악해서 종목을 좁혀서 결정한다. 만약 실패라고 생각했을 때는 주저 없이 빠져나와야 한다. 재빠르게 빠져나오는 것이 손실을 최소

한으로 줄여주는 방법이다.

　중기 투자인 경우 기간을 좀더 단기 투자보다 길게 보는 것 외에는, 기본적으로는 단기 투자와 다른 점이 없다.

장기 투자 선택 종목

　일반적인 주식 투자는 장기 투자가 바람직하고 확실성에 가깝다. 그때 그때에 따르는 인기 종목을 겨냥하는 단기 투자가 나쁘다고는 할 수 없지만, 풍부한 경험이나 기민한 처리가 없으면 곤란하다. 또 매매 회수가 많아질수록 매매 수수료 부담도 그만큼 높아져 가게 된다. 그러나 장기 투자인 경우에는 통계적으로도 평균 10년 이상 주식을 가지고 있다고 할 때 연율 15%에 가까운 투자 수익률이 따르는 경우가 많으므로 금융 상품 운용면에서도 다른 금융 상품에 뒤지지 않을 뿐 아니라, 물가 상승에 의한 재산 감소 효과도 막을 수 있다. 그러나 여기서도 주의해야 할 점이 2가지 있다.

　첫째로 주가 수준은 장기적으로 GNP(국민총생산)에 연동해서 움직여 주지만, GNP성장률이 낮거나 저성장 시대에 진입하게 되면 주가도 심하게 떨어지는 점이 있다.

　둘째로 위에서 소개된 연율 15%라는 투자 수익률의 숫자는 어디까지나 평균치에 가깝다는 점이다. 이러한 점들을 감안할 때 투자 수익률을 높이기 위해서는 어떠한 종목들을 선택해야 하는지 걱정이 아닐 수 없다. 안전한 주식을 선택하기 위한 기준으로는 다음과 같이 3가지 방법이 있다.

첫째, 성장주를 선택한다. 성장주는 장기 투자에 있어 가장 알맞은 종목이다. 소형 성장주를 가지고 있으면 주가의 상승분과 주식 수의 증가라는 2중 혜택의 기회를 기대할 수 있다. 예를 들어 소형 성장 회사의 경우에, 주식을 공개할 때의 공개 가격 900원이라고 하고, 이 가격이 10년 후에 7,000원으로 뛰어 오르고, 그 동안에 9번에 걸쳐서 1할부터 3할까지 무상 증자를 하고, 그 외에도 그 때까지 내외에 6회에 걸친 공모 증자와 전환 사채를 발행하고 있다고 하면, 주식 공개의 1,000주를 갖고 있는 주주는 10년 후 4631주를 가진 주주가 된다. 이렇게 되면 재산은 당초 90만 원이었던 것이 10년 후 3,288만 원이 되어 10년간 무려 36.5매 가까운 재산을 형성하게 된 것이다. 이러한 종목을 선택하기 위해서는 앞으로 변하게 되는 산업 구조의 변화, 시대 흐름을 알 수 있는 것이 포인트이다. 또 이렇게 장기 투자를 결심하고 선택한 주식은 단기적으로 이익이 났다고 해서 매도한다든지 하는 일이 없이 성장 조건이 없어질 때까지 계속 가지고 있는 인내심이 필요하다.

둘째, 장기간 하락 시세가 계속되어 바닥 시세에 있는 종목을 선택해야 하는데, 이런 종목은 어느 정도 분산 투자가 필요하므로 종목을 분산한다. 종목에 따라 상승 기미가 보이는 종목이 나타나더라도 서둘러 매도에 들어갈 것이 아니라, 기다리면서 이익 폭을 넓히도록 해야 한다.

예를 들어, A회사가 종목 주식 시세는 8년 전 1,090원이었던 것이 2년 전에는 335원까지 내려와 3분의 1로 떨어져, 이 바닥 시세를 계속 유지하고 있다가, 현재는 400원대를 회복, 몇 개월 후에는 630원까지 올랐다.

이와 같이 예에서 보듯 바닥 시세로 깊은 잠을 자던 종목이 일단 상승 움직임을 보이기 시작하면 4~5할 정도 가볍게 회복하는 게 보통이다. 따라서 1할이나 2할 정도 오른 가격에서 팔 게 아니라 기다리는 것이 좋다.

셋째, 성장기가 지나 성숙기에 들어선 종목들 중에는 장기적으로 박스권을 형성하고 있고, 그 안에서 상하 움직임을 보인다. 이러한 주가 습성을 가진 종목으로 하락세에서 상승세에 매도를 계속 반복하는 것도 상당히 높은 운용 이익을 챙길 수 있는 가능성이 있다. 예를 든다면 전형적인 중견 우량주가 바로 그것이다.

일반적인 분산 종목

주식 투자를 하는 경우, 투자 기간 문제와 동시에 중요하게 여겨지는 것이 종목수를 어느 정도 하느냐 하는 것이다. 어느 정도 종목을 좁혀서 투자하는 것이 좋은지는 역으로 위험을 피하기 위해 어느 정도 넓혀서 분산 투자하는 것이 좋은가 하는 이야기도 된다.

한 상담을 예로 보자.

이씨는 오래 전부터 투자를 계속하는 투자가로서 자금량도 풍부하다. 그는 코스트가 극히 낮은 것을 알지만, 투자 종목이 70종목을 넘어서 관리에 곤란을 겪고 있다고 한다. 이것은 위험 분산 투자라는 의미에서 이렇게 되었다고 한다.

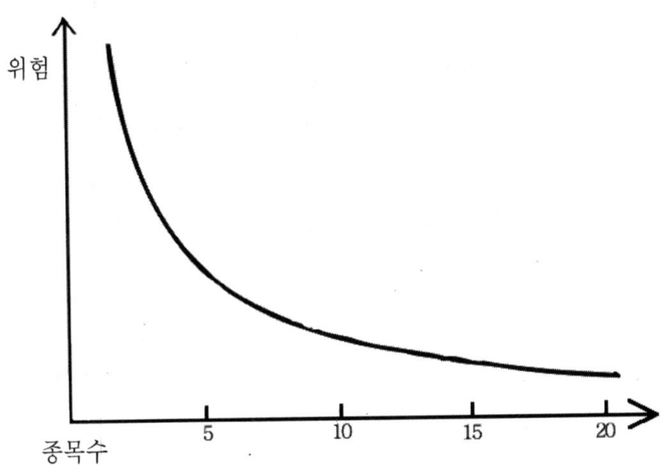

또 다른 박씨는 1,000주 또는 2,000주씩 30종목에 투자하고 있었다. 이러한 경우는, 이것도 좋을 것 같고 저것도 좋을 것 같아, 욕심 가는 데로 따라다니다 보니까, 우왕좌왕 분산 투자가 된 경우이다. 이러한 경우는 위험 분산 투자라기보다는 우왕좌왕한 투자이다. 종목이 많아지면 그만큼 기동성 면에서 좁아지게 되어 기민하게 대처하는데 한계가 있게 된다.

이러한 예에서 볼 수 있듯이 종목을 분산하기보다는 집중하는 편이 효율성이 높다고 볼 수 있다.

'분산 투자'에 의해 선택된 전종목이 모두 상승하는 것은 통상 기대하기 어렵고, 상승분만큼과 하락분만큼 서로 상쇄되어 결정적인 큰 성과가 기대되기란 어렵다. 그 대신에 위험도 분산되어지는만큼 치명적인 실패를 피하게 할 수 있을 것이다.

그러나 '집중 투자'는 특정 종목을 대상으로 좁혀서 집중적으로 공격을 하게 되므로 성공적인 경우에는 대단히 이익을 낼 수 있는 점도 있으나, 종목 선택이나 타이밍 등의 실패가 가져다주는 리스크도 자연히 크게 된다. 경우에 따라서는 '거품 도매'가 필요하기도 하여 고도의 투자 테크닉을 요하게 된다. 이런 의미에서는 종목의 선정권이나 매매 기술을 익힌 베테랑 투자가에게 알맞다고 볼 수 있다.

따라서 일반 투자가는 가능한 분산 투자를 기본으로 하는 것이 좋다. '분산 투자'는 자산 운용 분야에 있어서 널리 사용되고 있다. 분산 투자 효과는 MPT(현대 포트폴리오 이론)에서 말하는 투자 리스크와 관련 지어 생각해 볼 수 있다. MPT에서는 포트폴리오는 리스크를 분산 투자에 의해 카바(경멸)될 수 있는 리스크와 될 수 없는 리스크로 나뉘어진다.

전자는 각각의 종목을 고유의 리스크, 즉 개별 리스크로써 분산 투자에 의해 서로 상쇄 또는 완화시킬 수 있는 가능성이다.

후자는 시장 전체 움직임에 따라 오는 리스크, 즉 시장 리스크로써 분산 투자에 의해서도 완전히 카바될 수 없다. 그러면 개별 리스크를 가능한 한 작게 할 수 있는 종목수는 얼마나 되나 하면, 실증에 따르면 그림에서처럼 개별 리스크는 4~5종목까지는 급격히 저하하여 리스크 감소의 90% 이상이 15~20종목에서 달하고 있다.

따라서 종목 분산 투자된 포트폴리오가 갖는 리스크는 거의 시장 리스크만으로 구성되므로 여기에 분산 투자의 효과가 있다고 볼 수 있다. 이러한 점에서 리스크 분산이라는 차원이라고 해서 종목수가 많기만 하면 좋은 게 아닌 것을 알 수 있다. 분산 투자만으로는 시장 리스크를 충분히 감소시킬 수 없게 되고, 실제 분산을 확산시키면 시킬수록 역으로 시장 전체의 움직임과 닮은꼴이 된다.

따라서 적어도 개인 투자의 경우에는 분산하기에 알맞은 종목수는 '20종목' 정도가 된다. 관리라는 측면에서 볼 때도 종목수가 많으면 관리가 힘들어진다. 알맞은 종목수를 갖게 되는 것이 업계 동향이나 그날 그날 주가 움직임을 파악하고 효율 높은 투자 운용이 가능하게 된다.

우량주만으로 구성되는 포트폴리오는 피하라

우량주에 대한 투자가 일반적으로 알려진 만큼 유리하지는 않다. 예컨대 삼성전자나 현대자동차 등 우량주라고 할 수 있는 회사는 대부분 수익력이나 재무 내용도 좋고 배당률도 높다. 이러한 회사는 자금력·기술력·판매력 등 기업이 필요한 모든 요소를 겸비하고 있다. 업적도 안정된 신장률을 나타낸다. 그러나 주식 투자의 관점에서의 단점이 두 가지 있다.

첫째는 주가가 대부분 높다. 다시 말해 위에서 언급된 내용이 이미 주가에 반영되어 있기 때문에 상당 수준에 올라와 있는 경우가 대부분이다. 따라서 특별한 일이 없는 한 그 주가에서 2~3배로 뛰어오르는 것 같은 것을 기대하기란 어렵다. 올라봐야 2할이나 3할 정도 수준이다.

둘째, 그렇다고 해서 우량주가 하락세에 잘 버티냐 하면 그것도 아니다. 상장 전체가 내려갈 때 내려간 만큼 정도의 수준으로 내려가 2~3할 정도는 간단히 내려가 버린다. 이러한 관점에서 볼 때, 우량주 투자가 무조건 안전하고 유리하다고는 볼 수 없는 이유이다.

우량주의 장점은 역시 다른 주식과 비교해서 내용이 좋기 때문에 대폭락은 우선 있을 수 없다는 것이다. 그러나 주식 투자가 입장에서는 이러한 것은 소극적 투자가 된다. 다음은 우량주가 움직이는 경우이다.

첫번째는 불황이 심각하여 금리 인하 등 금융 완화책이 정부에서 나오면 재무 내용이 좋아지고 수익력이 높아져, 불황 탈출력이 강한 우량주는 업적 회복을 선두하기 때문에 인기가 높아져 매수량이 늘어나게 된다.

두 번째는 투자 신탁이나 외국인 투자가가 매수를 하는 때이다. 투신이 적극적으로 주식 시세를 주도해 나가는 일은 드물지만, 주식 상장의 미래가 밝다거나, 그 때 투신이 매수하는 주식은 펀드 성격상 아무래도 우량주가 중심이 된다.

같은 이유로 해서 외국인 투자가들도 대상이 대형주와 함께 우량주가 중심이 된다. 왜냐 하면 자금량이 풍부한 것과 기관 투자가라는 성격상 우량주인 경우, 투자 이유나 설명이 무난하기 때문이다. 해외 특히 뉴욕이나 동경으로부터 오는 해외 투자는 원화가 강세를 나타내면 많아지게 된다.

이와 같은 이유로 개인 투자가가 우량주를 살 때에는 상장의 흐름과 투신이나 외국인 투자 동향 등을 파악하여 그 움직임에 선수를 쳐서 투자에 임하는 것이 중요하다. 또 우량주만으로의 포트폴리오를 구성하는 투자가인 경우, 앞에서 설명되어 있는 것처럼 상장 흐름의 일면만을 가지고 주식 운용을 하고 있다고밖에 볼 수 없다.

우량주는 예를 들어 '만인들을 위한 미인'으로서 쇼윈도에 있는 장식 상품이다. 바로 지금부터 인기가 나타나는 주식, 그 내용이 만인에게 알려지지 않는 주식으로 개성적인 소형 성장주로서 업적 급변신 가능성이 있는 종목을 찾아야 한다.

큰손이 개입하기 쉬운 종목

대형 투자가들은 을지로 증권 시장 일대와 강남 증권 지역에서 활약하고 있다. 그들은 일시에 대형 자금을 동원할 수 있는 능력을 가지고 있다. 이들 중에는 주식 투자로 인해 거부를 챙기는 사람도 있지만, 물론 판단 실패로 하루 아침에 재산을 탕진하는 사람도 있다. 이러한 대형 투자가들의 투자 전법은 나름대로의 비법을 고수하면서 독특한 자기 전법을 구사한다.

이들의 전법은 여러 가지가 있으나 일부를 소개해 보면 우선 '매수 독점파'를 들 수 있다. 매수 독점파들은 시장에서의 승부가 목적이 아니라, 대량으로 주식을 매수한 후 주가를 부풀려 올린 다음, 주식수를 무기로 하여 회사측에 여러 가지를 요구하여 거대한 이익을 목적으로 한다.

그러나 역시 주류를 이루는 것은, 신용 종목 중에서 회사 내용에 약간 문제가 있는 듯한 종목을 선택한 후 주가를 올린 다음, 높은 가격 수중에서 모두 팔아 버리고 빠져나온다.

대형 투자가들의 투자 방법은 그때 그때 시류에 따라 변화해 버린다. 투기를 좋아하는 개인 투자가들도 편승하기도 한다. 따라서 어느 주식이 대형 투자가들이 개입하기 시작하면 싸움 내용이 매우 복잡한 양상을 나타낸다. 대형 투자가가 개입된 주식의 경우 앞에서 소개되어 있는 것처럼 가격 움직임과 함께 신용 거래 잔고 동향을 알아보는 것이 중요한 포인트이다.

'대형주는 상장의 꽃'이라고까지 일컬어져, 잘 편승하면 이처럼 효율적인 투자도 없다. 그러나 대형 투자가들의 움직임을 파악하는 것은 프로들도 그렇게 간단하지는 않을 정도이다. 단기간에 크게 이익을 낼 수 있는 찬스 뒤에는 위험도 함께 도사리고 있다. 그런 의미에서 대형주는 신용 거래와 주가의 관계를 잘 파악하고 있는 투자가나 단기간 매매 전략에 능통한 투자가, 그리고 투자 위험에 대해서 잘 자각하고 있는 투자가들에게 알맞다.

대형주의 특징

철강·조선·종합 화학·전력주 등의 특징은 자본금이 엄청나고 발행주 수가 매우 많기 때문에, 개인이 주식 수를 아무리 많이 사고 대형·개인 투자가가 개입한다 하더라도 주가가 움직이질 않는다.

그 대신에 이러한 주식을 대량으로 보유하지 않으면 안 되는 기관 투자가와 외국인 투자가에게는 좋은 투자 대상으로서, 이쪽에서 매수를 하게 되면 주가가 오르는 때가 많다.

기관 투자가나 외국인 투자가 대형주를 사는 때는 바로 금리가 저하하고 다른 유리한 자금 운용 대상이 없어졌을 때이다. 외국인 투자가인 경우에는 외환 변동으로 원화가 강세로 돌아섰을 때 나타난다. 경기나 금리, 외환 변동 시장 동향에 주의가 대형주 투자 포인트의 하나이다.

식품 주식 종목

식품주는 불황에 강한 종목으로 인식되고 있는 반면, 성장성에서 약한 면을 보이는 종목은 수익력이 낮고 업적도 불안정한 소재 식품(제분·배합 사료·설탕·식용류 등)과 소비자 기호의 변화, 판매 경쟁의 격화, 급속한 신장 둔화를 보이는 가공 식품(과자·식육 가공·빵·음료 등)이나 최근의 새로운 움직임이 주목되고 있다.

첫째는 경영의 다각화로써 종합 식품 화학 회사로서의 탈피 움직임들이다. 이러한 움직임이 주가에 좋은 영향을 주고 있다.

둘째는 바이오 테크놀로지와 의학품 분야의 진출이다. 따라서 식품주에 투자하는 경우에는 이와 같은 다각화·기술·신제품의 흐름을 타고 있는지 아닌지를 판단하여 종목 선택을 할 필요가 있다.

섬유 제품 제조업 주식 종목

대표적인 구조 불황 업종 중 하나로 섬유업을 보는 시각이 있다. 이 때문인지 섬유업 전체적으로 투자의 묘미가 적다고 보는 투자가도 있을 수 있으나 그렇지만은 않은 것이 섬유업체들의 비섬유업 등 경영 다각화의 주력이다. 탄소 섬유·의약품·인공 피혁·제암제 등이 그 대표적 예이다. 이와 같은 회사들의 경우는 최근 주가가 어느 수준을 유지하며 안정되어 가고 있는 곳이 많다.

그러나 주력인 섬유의 채산에 따라서 업적이 크게 좌우되고 있는 체질을 가진 회사는 근본적으로 변화되고 있지 않는 점도 주의해야 한다. 따라서 섬유의 전반적 수요 둔화·공급 과잉·후진국의 추격 등 변함없이 어려운 환경이 계속되고 있어 섬유 종목 선택을 하는 경우에는 어디까지나 종목별로 개별적 검토가 필요하다.

펄프·종이 및 종이 제품 제조업 종목

종이는 '문화의 바로미터'라고까지 일컬어져 소비는 증대 경향을 지금까지 보여 왔다. 제1차와 제2차 석유 쇼크 이후 절약 의식의 높아짐에 따라 이전처럼 GNP 신장률에 맞추어 종이 소비량이 증가하지만은 않고 있다. 또 OA의 진전에 따라 '페이퍼레스 문화'의 영향도 적지 않게 받고 있다.

경향으로서는 역시 수익과 안전성이 높아져가고 있는 것도 주목되며, 앞으로의 펄프·종이 종목 선택에 있어서는 부가 가치가 높은 제품 개발이 선택의 중요한 포인트이다.

종이 관련 종목의 습성은 시장에서 포함, 자산이나 데노미 관련 인기가 생기면 제일 먼저 매수되어 버리는 습성을 가지고 있다.

한편, 절호의 매도 찬스가 이 때인 경우도 있음을 주의해야 한다.

화학물 및 화학 제품 제조 주식 종목

화학 종목은 제품 분야가 넓은 점, 또 신소재를 중심으로 한 회사가 많아서 일반 투자가에게 화학 종목을 선택하는 데 어려움을 주는 종목이다. 물론 중심이 되고 있는 것은 석유 화학 공업이다.

이전까지는 풍부하고 싼 가격의 원유를 배경으로 급속한 신장을 보였으나 2번에 걸친 석유 쇼크가 기반을 크게 흔들었고, 이후 심각한 구조 불황을 맞았으나 원유 가격의 회복, 내외 경기의 회복, 경영의 감량 효과 등으로 불황 탈출을 보였으나 공해 문제의 후유증도 심각한 배경을 가진 종목이 화학 제품 종목인 점도 알아야 한다.

화학 종목주는 다음 두 가지로 나뉘어 물색하면 편리하다.

첫째는, 각각의 강점을 가지고 있는 상품을 확보하고, 경영 다각화와 신기술·신제품 개발 성공으로 고수익 우량 회사로 변모하는 회사이다.

둘째는, 업적은 그다지 좋지가 않지만 중소형 주식에서 많이 보이는 현상으로, '계산된 매도', '거품 신용 매도 매수'가 일어나는 종목이다.

화학주의 습성 중 하나로 불 수도 있는 것이 둘째에 나타나는 것처럼 '거품 매도 매수'가 많은 종목이 화학주이고, 함정주가 많은 것이 화학주의 특징이므로 주의해야 한다.

약품 제조업 주식 종목

약품주의 특징은 다른 업종에 비해서 주식 가격이 높다. 이유는 두 가지로, 첫째는 의약품 제조업은 수익 수준이 높고 재무 내용이 좋은 회사가 많다는 것과, 둘째는 신약품 개발이 주가에 미치는 영향이 크기 때문에 주가 인기가 높다.

한편 의료비 억제 움직임, 대폭적인 약품 가격 인하 등으로 업계를 둘러싼 환경이 가일층 어려움이 증가함으로써 유력한 신약 개발을 할 수 있는 기업과 그렇지 못한 기업과의 수익, 주가의 격차는 종래 이상 벌어질 것으로 예상되고 있다.

약품 주식의 습성은 주가 전반의 신약 개발과 함께 봄과 가을 학회 시즌에 움직이는 습성을 가지고 있다. 또 약해 문제는 주식의 최대의 리스크 요인임을 주의해야 된다.

석유 정제품 제조업

석유는 대표적인 정치 상품으로, 우리 나라는 아직도 공급 면에서 불안정한 상태이다. 따라서 중동 지방 및 국제 정세의 움직임에 주의를 해야 할 필요가 있는 종목이 석유 관련 주식 종목이다.

석유 관련 주식의 습성은 원화가 강제를 보이면 강하고, 원화가 약세이면 약세를 나타내는 외환 변동에 따라 움직이는 페턴을 보이는 습성을 가지고 있다. 따라서 석유 주식 종목을 선택할 때에는 외환 변동 추이를 참고하는 것이 좋다.

고무·플라스틱 및 시멘트 제조업 주식 종목

고무 주식의 경우는 우량주와 연동해서 움직이는 경우가 많다. 한편, 가격 움직임이 크지 않는 것이 유리 주식이지만, 최근에는 OA나 산업형 브라운과, 뉴 세라믹스 등의 신기술·신제품이 성장주로 주목되어 외국인 투자가들에게 인기를 모으고 있는 특징을 가지고 있는 것이 유리 주식이다.

시멘트 주식은 공공 투자 등의 수요 변동이 그대로 업적과 주가에 반영되는 특성을 가지고 있다.

제1차 금속 산업 주식 종목

금속 산업 주식은 대형 철강 회사에부터 중소 철강 회사에 이르기까지 업태나 주가의 움직임도 매우 다르므로 두 가지로 나누어 생각해 볼 필요가 있다.

첫째, 포항종합제철 등의 대표적 종목은 주가 움직임이 격심하지는 않으나, 기관 투자가와 외국인 투자가 등의 운용 대상으로 인기가 있고, 매수되는 케이스가 많다.

둘째, 중소 철강주는 스테인리스강·특수강·합금철 등의 각 메이커 주식으로 나눌 수 있다. 특징으로 보이는 것은 업적 변동이 심하고 자본금이 적은 이유로 해서 개인 대형 투자가들의 개입이 많이 나타나는 편이다. 따라서 주가가 크게 상하로 변동하는 폭이 심하므로 주의해야 한다.

조립 금속 제품 제조업 주식 종목

이 그룹은 크게 비철주와 전선주·금속 제품주로 나눌 수 있다. 비철주 부문은 업적 변동이 심하고, 역시 개인 대형 투자가의 개입성이 강하다. 따라서 주가의 진폭이 심하게 나타나는 것이 특징이다.

전선주는 지금까지 시황 관련 및 투자 관련 주로써의 성격이 강했으나 광섬유 통신의 실용화와 하이테크 관련 주로서의 평가를 얻고 있어 주가는 대폭적인 수준 개정을 보인다.

금속 제품주는 건축 관련주를 중심으로 철골·가교 등 역시 때에 따라서는 거품 매도·매수와 같은 대형 개인 투자가의 개입이 많이 나타나는 것이 특징이므로 주의가 필요하다.

기계 및 장비 제조업 주식 종목

기계 주식은 종목수도 많으며 내용도 다양하다. 이것을 크게 둘로 나누는데, 공장 기계와 산업 기계로 나뉘어진다.

산업 기계는 또한 건설 기계·농업 기계·화공기·운반 기계·인쇄 기계 등으로 나뉘어지고, 이외에도 베어링·미싱 등이 추가된다.

전반적으로 나타나는 특징은 경기 변동 영향을 받기 쉬운 점과 경쟁이 심하다는 점이다. 소형주가 많고, 개인 대형 투자가의 개입이 강하고 주가의 진폭이 큰 종목이 많은 것이 특색이다.

따라서 이런 종목의 투자 전법으로써 인기화된 종목은 절대 매수해서는 안 된다.

영상·음향·통신 장비·정보 통신 장비· 전기 기계·전기 변환 장치 제조 주식 종목

상장표에서 나타나는 것처럼 전기주의 특징은 종목수가 많다. 일부의 개인 대형 투자가의 개입이 강한 종목을 제외하고는 모두 우량주이다. 거기에다 고수익, 재무 내용과 성장률이 좋은 회사가 많은 것과 외국인 투자가에게 인기가 있는 것도 특징이다. 왜냐 하면 전기주가 이처럼 업적과 주가가 크게 신장한 것은 컴퓨터·반도체·전자 부품·VTR 등의 성장 상품이 많기 때문이다.

이 분야에서는 삼성전자를 필두로 한 현대·LG·대우 등 국내의 최고 기업들의 기술 각축전을 벌이고 있으며, 기술력도 세계적 수준을 이루는 부문도 있다.

산업용·개인용 일렉트로닉스의 신장은 이와 관련된 기업에까지 영향을 주고 있다. 주가를 예상하는 데도 외환 변동 상황과 외국인 투자가의 동향이 포인트가 되기도 한다.

자동차 및 트레일러 제조업 주식 종목

자동차 주식의 대표는 역시 세계적 메이커로 성장한 현대자동차·기아자동차·쌍용자동차·대우자동차이다. 종목수로 보면 자동차 부품 메이커 쪽이 훨씬 많다. 또 전기 부품 주는 일부 전기 업종이 들어와 있다.

또 수출 비율이 높아 전술되어 있는 일부 전기 업종과 함께 대표적 수출 관련주의 하나이다. 외국인 투자가의 비율이 매우 높아 이 때문에 업적이 좋고 나쁨과 함께 수출 대수·외환 변동 상장·외국인 투자 동향이 주가를 예상하는 포인트가 된다.

부품 메이커는 많은 수가 현대자동차 등의 재벌계 자동차 메이커의 계열하에 있으나, 그 중에는 계열 색이 없는 회사도 있다.

전자의 경우는 주가가 친회사 주가와 연동하는 경우가 많다. 후자는 항상 잠재적 계열화의 움직임이 있기 때문에 주식 확보를 둘러싼 개인 대형 투자가의 움직임이 많이 나타나기도 하며, 의외성을 연출하는 경우가 이 부류의 습성이다.

한편, 최근에는 승용차 메이커의 해외 선지 생산, 부품 메이커의 해외 진출 등의 움직임이 나타나므로 주가를 예측하는 데 이러한 국제 제휴 움직임에 주의할 필요가 있다.

의료·정밀 광학 기기 및 시계 제조업 주식 종목

카메라·시계를 주력으로 하는 정밀주의 특징은, 이전에는 업적 변동이 심하고, 대형·개인 투자가의 개입이 심했다. 최근에는 수익력과 재무 내용이 좋아짐에 따라 중견 우량주로서의 이미지가 강해지고 있다.

고도의 정밀 기술력과 제품 경쟁력으로 세계 시장에서의 활약을 기대해야 하지만, 상품 시장이 성숙기에 들어서 있고 메이커 간의 경쟁이 국내외에 격화, 자금 조달력·제품 개발력·다각화 전략이 기업간 격차를 확대시키는 방향으로 가고 있는 것에 주의가 민감하기 때문에, 어느 의미에서 이제부터는 외국인 투자가와 투자 신탁 등 기관 투자가의 움직임이 주가 포인트를 점치는 포인트의 하나이다.

전기·가스 및 증기업 주식 종목

전기·가스 주식은 대표적인 대형주로서 특히 자산주로서 투자가들에게 인기가 있다. 이것은 배당이 크며, 배당시의 금리 수준, 특히 정기 예금 금리와 크게 격차가 나지 않기 때문이다.

전기·가스는 공익 사업으로서 요금은 코스트 플러스 적정 이윤이 기준이 되어 있기에 안정 배당에 문제가 없다. 또 2~3년 주기를 액면 할당을 중심으로 증자를 실시하는 경우가 있으므로, 장기적으로 보유해도 배당과 함께 유리하게 소유 기간 이익을 바라볼 수 있는 것이 특징이다.

주가는 금융 긴축기에 내리고 완화기에 오르는 습성을 가지고 있다. 이것은 금리 수준과 연동해서 움직이기 때문이다.

전기·가스주는 자산주로서 장기 투자에 유효한다.

건설 주식 종목

상장표에서 나타나는 것처럼 건설주는 상장 회사가 전국적으로 많이 있다. 특히 기둥이 되는 종목이 없고, 움직일 때는 일제히 모두 함께 움직여 주는 것이 건설주의 특징이다. 이 결과 매수가 분산되어 상승 상장이 지속되지 않는 것이 특징이다.

지금까지 건설주는 공공 사업 확대 등 정부의 적극적인 경제 운영 정책에 따라 움직였으나, 건설 업계를 둘러싼 환경이 이전 같지는 않다는 시각도 있다. 건설 종목에 따라서는 수익력이나 재무 내용에 비해서는 인기가 나타나지 않는 종목도 있다.

도매 및 상품 중개업 주식 종목

상사는 크게 종합 상사와 전문 상사로 구별되어, 후자의 경우는 다양하다.

우리 나라의 고도 경제 성장 시대의 견인차 역할을 담당해 온 종합 상사도 ‘겨울잠 시대’에 들어갔다가 최근에는 내외 경기 회복을 배경으로 철강·화학·기계 등 전반적인 환경이 호전되어 주가가 움직이기 쉬운 방향으로 가고 있다.

전문 상사 주식은 다양하여 취급 상품이나 개별 상품·시황 상품의 내용이나 특징을 잘 체크해서 투자할 필요가 있다. 소형주를 중심으로 때에 따라서는 격심한 주가 움직임을 보이는 것이 이 종목의 특징이다.

소매업 주식 종목

유통주로서 상장되어 있는 종목수는 신세계백화점·화성산업·대구백화점·금강개발산업·해태유통으로 손에 꼽을 수 있을 정도이다. 비교적 상장된 지 얼마 안 되는 종목도 있다.

소비자들의 구매 변화와 경쟁의 격화로 백화점 수익은 저미하나, 재고 관리 철저·간접 부문 가량·기업 내 혁신 등으로 자구책에 주력하고 있으나, 기대는 그만큼 뒤따르지 못하는 시각이 있다.

성장률의 둔화 및 경쟁 격화로 당면의 수익 호전은 예상되지 못하는 가운데, 중기적으로 보면 하강 트랜드로 이어지거나, 조금 회복하는 정도의 영역을 벗어나지 못할 것으로 보는 시각도 있다.

대형 양판점이나 가전 양판점 등 가격 파괴 현상과 레스토랑 체인이나 컨비니언스헤인 등에 관련된 경영 종목이 주목해 볼 만하다. 그러나 전체적으로 소비 불황으로 고전을 면치 못하고 있다.

육상 수송 운송업 주식 종목

이 종목에서는 통상 상장권 외에 방치되어 있다가도 갑자기 격심한 움직임을 보이는 경우가 있는 것이 특징이다. 이것은 시황의 변화와 대형 투자가에 의한 인기가 교차하기 때문이다.

또한 임금 인상 시기와 운임 인상 인허가 시기에 주가 움직임을 보이는 습성도 있다.

금융업, 금융 관련 서비스업, 보험업 주식 종목

금융의 자유화와 극제화의 진전으로 앞으로의 금융업종 주식은 자연스러운 격차가 형성될 것으로 보인다. 종래 증권 회사의 수익은 거의 주식의 위탁 수수료기 치지히였으나, 채권 매매 이이과 펀드로 대표되는 투신 부문, 여기에 금융 수익 확대로 수익 기반의 안정도가 가일층 높아진 점이 주목되고 있다.

보험업의 습성은 데노미나 자산 재평가 설이 나올 때마다 매수되고, 또 증자 접근을 계기로 매수되는 습성을 가지고 있다.

포트폴리오

포트폴리오의 기본적인 생각은 '분산 투자'로서, 이 기본은 주식 포트폴리오의 경우에도 해당된다. 서로 다른 타입이나 성격이 서로 다른 종목을 편성해서 위험(리스크)을 최소한으로 줄이고 돌아오는 이익을 최대화시키는 것을 목적으로 하는, 즉 손해는 최소한으로 줄이고 이익을 많이 따먹는 '리스크의 최소화, 리턴의 최대화'를 목표로 한다.

3,000만원 운용하는 타입별 포트폴리오

(1) 표 준 형

주 식	750(만원)	25(%)
채 권	1,050	39
금 투 자	450	15
예 금	300	10
기타투자	450	15
합 계	3,000만원	12.8%

(2) 안 전 형

주 식	450(만원)	15(%)
채 권	1,200	40
금 투 자	600	20
예 금	450	15
기타투자	300	10
합 계	3,000만원	11.0%

(3) 적 극 형

주 식	1,050(만원)	35(%)
채 권	900	30
금 투 자	300	10
예 금	150	5
기타투자	600	20
합 계	3,000만원	14.5%

5,000만원 운용하는 타입별 포트폴리오

(1) 표 준 형

주　　　식	1,500(만원)	30(%)
채　　　권	1,650	32
금 투 자	750	15
예　　　금	400	8
기타투자	750	15
합　　　계	5,000만원	13.4%

(2) 안 전 형

주　　　식	1,000(만원)	20(%)
채　　　권	2,000	40
금 투 자	1,000	20
예　　　금	500	10
기타투자	550	10
합　　　계	5,000만원	11.8%

(3) 적 극 형

주　　　식	2,250(만원)	45(%)
채　　　권	1,000	20
금 투 자	500	10
예　　　금	250	5
기타투자	1,000	20
합　　　계	5,000만원	15.3%

투자 기간별 분산

기간별로 장기·중기·단기로 분산 투자를 하는 데는 우선 자금의 성격·자금량·투자가의 성격을 파악해야 한다. 예컨대 기관 투자가 경우에는 다른 대체 투자(주식 이외)와 비교, 인플레 헤치 등을 중시하는 입장이므로 재산 형성 관점을 가지고 있으면 역시 장기 투자로서 유유하게 늘리는 기간별 분산 투자를 해야 된다.

종목 성격별 분산

각 종목의 특성 내용에 대응해서 대상을 분산시킨다.
종목 성격별 분산 방법은,
- 성장주·우량주·자산주·환경주
- 가격별
- 자본금 규모별(대형주, 중형주, 소형주)
- 레벨별(1류 주, 2류 주, 3류 주)
으로 나누어 분류한다.

한편, 각각 주가 움직임에 나름대로의 타입이 있을 뿐 아니라, 주식 시장의 국면에 따라 서로 다르게 움직이는 것을 경험을 통해 알

수 있는 것이 특색이다.

업종별 분산

주식 시장의 물색 흐름은 결국은 각 업종간의 환경 물색이라는 움직임이므로 투자 종목을 각 업종에 걸쳐 분산해서 흐름에 맞추어 회전시키면 운용 효율이 높아진다. 여기서 동 업종간이라든가, 업태가 비슷한 경우에는 분산 효과가 미미하므로 주의가 필요하다.

예컨대 중전·인쇄·전력 등은 어느 것 중 하나로 선택하면 된다. 또 약전·정밀·자동차 등은 수출 기관주라는 성격상 대개의 경우 똑같은 시기에 함께 움직이는 경우가 많다.

또 각 업종 중에서 선택하는 주식은 가능한 업종 지표 주식(주가면에서 대표적으로 움직이는 종목)을 선택하면 편리하다.

테마별 분산

첨단 기술 주식, 일렉크로닉스 관련 주식, 신소재 관련 주식, 소비 관련 주식, 재투 관련. 주식, 자산 주식, 시황 관련 주식 등처럼 테마별로 나누어서 분산 투자하는 방법이다.

경기 환경 또는 주식 시황에 따라 이러한 편성을 잘만하면 높은 투자 수익률이 기대될 수 있다.

3점 분산

'3점 분석'이라는 아주 색다른 방법이 있다. 이 색다른 방법은 3가지로 나누어 보면, 첫째로는 기대 주식, 둘째로는 대항 주식, 셋째로는 함정 주식으로 나누어진다.

첫째, 기대 주식인 경우에는 투자가 자신이 투자 기간을 정해 놓고, 투자 기간 중 가장 많이 상승할 것이라고 기대하는 주식을 가리킨다.

둘째, 대형주는 기대주만큼은 상승할 리가 없다고 생각되는 주식이다.

셋째, 이상 두 종류의 주식에 비하면 객관적으로 상승폭이 기대되지 않으나, 예상 외로 시가의 전개 상황에 따라서는 대폭 상승이 기대되는 주식을 선택한다.
이처럼 함정 주식은 '의외'라는 상황에 승부를 거는 것이 된다.

그리고 포트폴리오를 이 세 종류의 주식에 걸어 3등분해서 각각 똑같은 액수로 사도 되고, 자기 나름대로의 판단에 따라 기대주·대항주·함정주 가운데 각각의 폭을 넓히든가 좁히는 것이 좋으나, 가장 주의해야 할 것은 이 3가지 중 어느 한 곳에 집중 투자 또는 전액 투자만은 피해야 된다.

이것은 실제로 실행해 보면 알 수 있듯이 기대주가 움직이지 않고 함정주가 크게 상승하는 재미도 있을뿐더러, 전체의 투자 효율도 꽤 큰 편이 될 수 있는 특색이 있다.

초보자를 위한 300만원 코스와 500만원 코스 예

구체적인 주식 포트폴리오의 예를 들어본다. 여기서는 몇 개의 금액별로 나누어져 있으므로 그 중에서 독자 여러분의 사정에 맞는 것을 선택해 참고하면 된다.

여성 회사원이나 가정 주부·샐러리 맨 등은 300만원과 500만원 코스가 참고될 것이며, 퇴직금 운용을 생각하는 중·고년의 회사원인 경우에는 2,000만원 코스, 유산 상속을 생각하고 있는 사람인 경우에는 5,000만원 코스를 참고하면 되겠다는 식으로 전재해 나간다.

우선 300만원 코스인 경우에는 자금량이 한정되어 있으므로 종목 수는 최저 3종목으로 좁히는 게 필요하다. 즉, '3점 분산법'이 기본이 되는 것을 생각한다.

300만원 주식 투자 계획에서도 기대주·대항주·함정주로 구성시킨다. 그리고 기대주라든지, 대항주 또는 함정주의 구별은 당시의 주식 시장 흐름을 보고 판단하여 기준은 기대되는 상승폭이다. 300만원 코스의 주식 종목 선택 포인트는 3점 분산을 기본으로 한다.

500만원 코스에서도 300만원 코스와 마찬가지로 '3점 분산법'을 기초로 하여 편성된 종목에, 단가가 약간 올라가는 것 외에는 별 차이가 없다. 단, 앞장에서도 약간 설명되어 있지만, 계획을 세우는 데는 3점 분산법에 의한 기대주·대항주·함정주로 구성된다.

기대주인 경우 종목 선택은 역시 급성장이 기대되는 주식이다. 대항주인 경우에는 영업 이익의 급증이 예상되는데도 주가에 아직 포함되어 있지 않는 주식도 대항주가 될 수 있다. 함정주인 경우, 나름대로 시장 판단을 통해 의외성을 추구하는 주식을 찾아야 한다.

천만원 코스 예

천만원 정도가 되면 '3점 분산법'을 해서는 안 된다. 1,000만원 코스 정도에 알맞은 종목수는 5개 정도가 좋다. 1,000만원 코스는 종목 선택에 있어 안정성을 기본으로 하고, 중장기적으로 성장력이 높은 종목을 선택한다. 예를 들어 이러한 조건에 해당되는 종목을 보면 숙취 해소 음료 시장 진입과 항암제·항생제 생산 설비 등의 시설 투자 추진으로 사업 부문의 광역화를 추진하고 있다.

종근당 주식과 미국 레데리사는 '94년부터 10년간 총 1억 3,300만

달러 상당의 DMCT를 수출키로 계약을 체결, 또한 종근당 주식은 스위스 시바기이기사와 합작으로 인도에 항결핵제 생산 공장을 설립키로 하는 등 해외 시장 진출에 박차를 가함.

금성전선 주식은 지속적인 연구 개발로 에나멜와이어와 LNG용 VPT케이블 등 신제품 개발로 업계 선도 내수 시장 침체 장기화에 대비, 내수 지향적 산업 구조를 점차 수출 지향적 산업 구조로 전환 추진.

이와 같은 3종목은 업종 변신·신약 개발·신분야 진출 등으로 중장기적으로 볼 때 성장력이 높은 종목이다. 이러한 예에서 보듯 1,000만원 코스까지 종목 선택은 무엇보다도 안전성을 기본으로 하고, 중장기적으로 성장력이 높은 종목을 선택해야 실패하지 않는다.
1,000만원 코스의 선택 종목의 선택 포인트는 종목의 안정성과 회사의 중장기 성장력이다.

2,000만원 코스 예

2,000만원 포트폴리오의 종목 수는 6가지 정도가 알맞다. 종목별로는 제일약품과 아남전자, 그리고 영우화학·신세계백화점·한일합섬과 로케트전기로 편성, 예를 들어 2,000만원 코스의 선택 종목 포인트를 알아본다.

제일약품 주식은 안정적인 시장 기반과 신제품 개발과 소속한 신장으로 성장 전망이 양호하여 매출 목표는 650억원이다.

아남전자 주식은 아남산업 부지를 매입하여 오디오 공장 외 대대적인 확출 추진. 국내 영업 부문 강화를 위해 마케팅 부문의 조직·인원 개편 실시, 현대 전자와 AV기기 사업 협력 계약 체결 등 앞으로 높은 신장이 기대되는만큼 주가 움직임을 기대해 볼 만하다.

영우화학 주식은 영업외 수지 개선으로 수익성 향상. 한솔제지 그룹에 인수, 여유 있는 현금 흐름으로 차입금 상환. 지속적인 이익 유보로 재무 구조 양호 등으로 변화에 따른 수익이 기대된다.

신세계 백화점 주식은, 꾸준한 매출 신장과 신규점의 영업 활성화로 비교적 양호한 신장세 지속, 대중 양판점·회원제 창고형 업태 등 신유통 업태를 적극 도입하여 유통 업태의 변화를 시도, 확고한 영업 기반과 탁월한 경영 기법으로 외형 신장 및 운용 효율성이 업계 최고 수준이다.

이러한 종목들 소개는 증권에서 무료로 주는 상장 회사 서베이 (1994. 가을)에서 소개되는 것이다. 서베이에서 소개되는 종목의 성격을 먼저 알아두어야 한다. 상장 회사 서베이(안내 책자)는 증권 회사 창구에서 신청하면 대부분 무료로 준다. 선택된 종목에서 운용 힌트로 알 수 있듯이 2,000만원 코스 역시 안정성과 중장기 성장을 기본으로 하여 약간 적극성을 띠는 종목 선택이 포인트이다.

3,000만원 코스 예

3,000만원 코스가 되면 포트폴리오나 운용의 면에 자유 자재로 끌고 나갈 수 있게 된다. 종목수는 8개 정도가 무난하다. 구체적인 운용 방법은,

첫째, 업종 분산의 균형을 잡아주고

둘째, 전략 부문은 바닥세 있는 종목을 선택하며

셋째, 상장과 가격 움직임에 따라 탄력적으로 운용해야 하는 것에 주의해야 한다.

5,000만원 코스 예

5,000만원 정도의 포트폴리오는 비교적 여유를 가지고 편성이 된다. 투자가들의 경험에 의하면 2,000만원 미만이 가장 힘들고 2,500만원을 넘으면 운용이 조금은 쉬워진다. 3,000만원과 3,500만원을 경계로 5,000만원, 1억원대가 되면 증식 속도가 빨라진다.

결국은 하락으로 떨어졌을 때 버틸 수 있는 저항력의 차이와 이익은 이익을 낳는다는 복리적인 효과가 금액이 크면 클수록 더 많이 나오게 된다.

5,000만원 코스에서는 자금 배분이 두꺼워지는 편이므로 각 타입

별 중에서 주식 부문에 비중을 주는 것이 공통적인 포인트이다.

클렌 작성 실패 방지 방법

지금까지 종합 포트폴리오와 주식 포트폴리오의 각 모델을 알아보았다. 다음은 이와 같은 모델을 참고하여 실제로 투자를 하기 위해 포트폴리오를 편성할 때에는 다음과 같이 특히 3가지를 주의해야 된다.

첫째, 실제로 프트폴리오는 운용 재산이나 성격과 목적에 따라 운용이 방법이 달라져야 된다. 또 자금량이나 운용 기간에 따라 투자 대상의 선택이나 배분 방법이 달라지므로 운용자의 연령·수입·성격 등의 배려도 필요하게 된다. 다시 말해서 운용 자금의 목적이나, 그리고 사정에 맞는 포트폴리오가 가장 좋다고 할 수 있다.

둘째, 국내외의 경기, 금리·외환 변동, 각 운용 상품 시장 등 재산을 둘러싼 운용 환경은 시시각각 변화하고 있으므로 어느 때가 가장 좋은 포트폴리오가 다른 시점에서는 좋은 포트폴리오가 안 될 수도 있다. 따라서 상황 변화에 맞는 포트폴리오를 해야 된다.

셋째, 포트폴리오에도 철학과 전략이 있어야 된다. 포트폴리오는 단순히 운용 대상을 분산해서 다양화시키면 되는 것만은 아니다. 거기에는 운용자의 경험과 노력, 그리고 의지가 있어야 하고, 명확한 투자 철학과 운용 전략(운용 대상폭 적용)이 필요하게 된다.

실제로 운용 성과는 운용 대상폭을 결정하는 데서 커다란 성과 차이를 나타내는 경우가 많이 나타나는 것에 주의해야 한다.

은행에서 말해 주지 않는 예금 약점

노부부(72세와 68세)가 노후와 불시의 출비를 대비해 우체국과 은행에 저금을 하고 있었다. 그러나 물가 상승에 따른 자산 자연 감소의 불안을 느끼고 있어, 자산 감소가 없는 저축 방법을 찾는 자산 운용 상당 예는 상당히 많다. 실제로 노후를 고려해 볼 때, 예금이나 적금의 원금에 자산이 감소된다면 문제이다.

개인이 자금을 은행에서 운용하는 경우에는 3가지 포인트를 찾게 된다. 첫째가 이율이 높은 고이율 은행 금융 상품을 찾게 되고, 둘째가 비과세를 이용하는 것과, 셋째가 복리를 운용할 수 있는 것이 된다.

그러나 이와 같은 것은 일반적인 것으로써 특히 노후 대책을 위하여 재산 계획이 중심이 되는 경우에는, 첫번째 절세성, 두 번째 투자(운용) 효율, 세 번째 인플에 대책이라는 3가지의 점이 필요하게 될 것이다.

물가 상승에 의한 원금 감소가 큰 불안이 아니 될 수 없다. 물가가 안정되어 있다고 해서 물가 상승률을, 예컨대 아주 작게 잡아서

3% 정도로 고려해 봐도 원금 1,000만원은 5년 후 862만원, 되며 10년 후에는 744만원 정도의 실질 가치밖에 없게 된다. 만약 물가 상승률이 7%인 경우에는 10년 후에는 508만원이 된다.

최근에는 '고이율'을 내세우는 은행 금융 상품이 상당히 많다. '10년 정도 맡겨두면 약 2배가 되고, 연평균 금리는 10%를 넘는다'고 선전하고 있다.

그러나 이와 같은 것은 명목상의 단리 계산으로써 복리로 연이율 표시로 바꾸면 연금리 10%는 7%가 약간 넘는 정도에 지나지 않는다. 그 동안 물가 상승률이 만약 7%였다면 실질적으로 자산은 하나도 늘어나지 않는 것이 된다.

재산 만들기는 먼저 '저축'에서 시작된다고 하지만, 현대에서는 어디까지나 '근검 저축'은 재산 형성에 필요 조건인 것은 틀림없지만, 충분 조건이라는 점에서는 새로운 시작이 필요한 이유는 무엇인가? 그 이유는 인플레에 있다.

인플레 원인에 대해서 여기서는 생략된, 자본주의 경제 체제하에 경향으로써 인플레에 의한 물가 상승은 피하려고 해야 피할 수 없는 체질이다. 물가가 상승하게 되면 그만큼 통화의 실질 가치가 낮아지게 되기 때문인 것은 잘 알려져 있다.

재산 증식에 있어서 명목상이 '고이율'뿐 아니라, '실질적인 가치'도 고려 대상이 되어야 한다.

은행 금융 상품을 포함한 여러 금융 상품들의 나름대로의 특성이나 이율의 차이를 알아두는 것도 좋지만, '나무만 보고 숲을 안 보는' 일은 없어야 된다는 점이다.

우리 나라에서도 지금까지의 물가 상승률을 상회하는 상승폭을 가진 자산으로서는 '주식'과 '토지'가 있다. 앞으로 여러 변화가 있을 수 있지만, 투자를 위한 포트폴리오에는 위에서 설명된 점들이 고려되어야 한다.

채권 투자의 장점과 단점

채권은 주식에 비하면 아직 개인 투자가에게는 익숙하지 못한 까닭에 투자 묘미가 작거나 잘 알려져 있지 않은 수가 있으나, 그렇지 않을 뿐만 아니라, 그 역이 될 수도 있는 것이 채권이다.

채권은 예금 금리보다는 훨씬 상회하면서도 구입 후 금리 수준이 내려가면 가격이 상승하므로 그 때를 봐서 매각하면 캐피털게인(매각 이익)을 얻을 수 있다.

우리 나라에서도 국채와 공사채의 유통 시장이 급속히 확대되어가고 있다. 채권 시장의 상황에 맞추어 채권을 기동성을 가지고 매매를 계속해서 투자 효율을 높일 수 있는 기회가 늘어가는 데 주목하는 투자가들이 증가하고 있다.

채권 시장이 주식 시장에 비해 시장 움직임을 파악하기 어렵다는 투자가 일부가 있기도 한다. 그 이유는 두 가지로 정리된다.

첫째, 채권 시장에는 주식 시장이 종합 지수와 같은 평균에 상당하는 지표가 없다는 점이다. 이 점은 잔유 기간의 장단, 표면 금리의 고저, 시장성 등에 의해 격차가 생기는 채권의 특성을 생각해 보면 당연하다.

주요 일간지 주식 시세표 난에 있는 채권 시제 금리 지표를 참고로 채권 시장의 지표 종목을 주목하면서 흐름을 쫓아야 한다. 신문에는 구체적으로 '94년 11월 18일 현재 채권 실세 금리 지표는 회사채(3년, 은행 보증)의 연금리 13. 81%이고, 통화채(1년) 12.90%, 금융채(1년) 14.05%로써 전일 대비 +0.05이고, CD(91일) 14.45%, 전일 대비 -0.05%로 나타내고 있다.

둘째, 채권에도 종류가 대단히 많아 선택하는 데 어려움이 있을 수도 있다. 채권에는 국채부터 시작해서 매월 다수의 신발채가 발행되고, 거기에다 각각 발행 조건이 미묘하게 차이를 가지고 있기도 하여, 어떤 기준으로 선택해야 할지 하는 것이 판단의 어려움이 될 수 있다. 그러나 채권은 주식과는 달리, 일반적으로 채권은 금리 변동에 따라 전체적으로 등락의 어느 한 방향으로 일제히 움직이므로, ①잔류 기간이 긴 채권(장기채)일수록, ②표면 금리가 낮을수록, ③ 신용도와 시장성 낮은 채권일수록 가격 변동이 크다는 특성을 가지고 있다.

따라서 이 특성을 잘만 이용하여 고금리 국면에서 앞으로 금리 저하(가격 상승)가 예상될 때에는 가격 상승이 큰 종목(장기채·저표면금리·저신용도·저시장성)을 저금리 국면에서 선행 금리 상승(가격 저하)이 예상될 때는 가격 저하가 작은 종목(단기표·고표면금리, 고신용도, 고시장성)을 선택하면 유리하다.

채권의 종류가 많은만큼 투자가 쪽에서는 그만큼 선택이 폭이 넓어져 자금 성격에 따라 운용할 수 있는 것을 채권 투자의 묘미이다.

전환 사채 투자

전환 사채를 CB(=Convertible Bond)라고 부르기도 한다. 전환 사채와 보통 사채와의 차이점은, 매년 결정된 이자가 얻어지고 상환 일자가 되면 액면대도 되돌아온다는 점에서는 CB는 사채와 동일하지만, 이미 정해져 있는 가격(전환 가격)으로 주식으로 전환시킬 수 있다는 점이 CB가 갖는 사채와의 커다란 차이점이다.

CB는 전환하지 않는 한 사채이므로 이자나 원금 상환이 안전하고 확실한 특성을 가지고 있다. 만약 주가가 대폭적으로 하락하여 여기에 따라서 CB의 가격이 하락(이율은 상승)하여도 일반의 공사채 이율 정도 수준에 멈추는 일이 많다. 또 CB는 주가가 상승하면 전환 가격도 연동해서 상승하므로 일반의 공사채에 비해 캐피털게인(매각 이익)을 얻을 수 있는 기회가 많아진다.

이처럼 CB 사채의 안정성(확정 이율)과 주식이 유리성(가격 상승의 묘미)을 가지고 있어 공수 겸비의 투자 대상이 되는 것이 전환 사채가 갖는 장점이다. 저성장 시대의 투자 대상으로써는 주식이나 채권보다 묘미가 있다고 할 수 있다.

그러나 이처럼 안전하고 유리하다는 전환 사채를 실제로 투자하기 위해서 처음 투자하는 투자가들에게는 최저한의 지식이 필요하다.

1) 전환 가격
전 페이지에서 설명되는 것처럼 CB는 이미 결정된 가격(전환 가격)

으로 주식을 전환할 수 있다. 전환으로 취득할 수 있는 주식 수는,

전환 사채 액면 ÷ 전환 가격이다.

예를 들면 전환 가격 200원의 전환 사채를 액면으로 100원만을 가지고 있으면,

100만원 ÷ 200원 = 500주다.

2) 이론 가격

위 1)의 전환 가격으로(시가에 관계 없이) 주식 1주와 교환할 수 있으나 다음은 이렇게 취득한 1주의 가치, 즉 전환 가격이 그 때의 주식 시가, 즉 주가에 비해 어느 정도 수준에 있는지를 알아볼 필요가 있다. 이것이 바로 이론 가격이다. 이것은,

주가 ÷ 전환 가격 × 100으로 산출된다.

예를 들면 전환 가격 200원의 전환 사채의 경우 주가가 200원이면 이론 가격은 100, 주가가 상승하여 350원이 되면 이론 가격은 175원이 된다.

3) 수익률

2)의 이론 가격은 실제의 시장 가격이 이론 가격과 일치하는 일은 거의 없다. 몇 원이라도 (단 몇 %라도)올라가 있다든지 내려가 있다. 이 간격이 수익률이다.

$$\frac{\text{전환 사채 시가} - \text{이론 가격}}{\text{이론 가격}} \times 100$$

으로 계산된다. 예를 들어 이론 가격 175의 전환 사채의 시가는 190원이면,

$$\frac{190 - 775}{175} \times 100 = 8.57\%$$

가 수익률이 된다. 따라서 수익률이 플러스가 되면 CB가 주식보다 비싸게 사들여진 것을 나타내고, 마이너스이면 싸게 방치되어 있는 것을 나타내고 있다.

그 외 직업 이율·최종 이율 등도 중요하지만, 이러한 각 항목은 자신이 직접 계산하지 않아도 공사채 신문이나 주식 신문 '전환 사채 상장표'란에 기재되어 있어 이용하면 편리하다.

다음은 실제로 CB 투자를 하는 데 있어 중요한 포인트를 3가지 소개한다.

가) 언제 전환할 것인가?

앞장의 예에서 알 수 있듯이 주가가 250원이 되면 CB 100만원, 주식 5,000주로 125만이 되지만, 주가가 150원이 되면 57만밖에 안 되므로 주식으로 전환하면 손해가 된다. 따라서 주식 전환은 주가가 전환 가격을 상회하고나서부터 하지 않으면 안 된다.

나) 매매 타이밍

CB의 가격이 이론 가격 이상일 때에는 CB는 그대로 가지고 있는 편이 좋으나, 역으로 이론 가격이 내려가면 주식으로 전환하여 그 주식을 매각하는 편이 유리하다.

다) 주가 연동 종목을 선택한다

기존 발행 CB를 사는 경우에는 실제로 수리율이 역인 종목은 주가 면에서도 불인기 인기인 것이 많고 대상으로서도 묘미가 적다. 이런 경우 오히려 플러스인 수리율 중에서도 수리율이 적은 선행 주가 상승이 기대되는 종목을 선택하면 된다.

인플레와 유사시에 강한 '금'

시장 가격이 붙어 있어 가격이 알기 쉬운 '금융 자산(저금 유가 증권)'은 유동성과 환금성이 뛰어난다. 그러나 실물 자산(금·다이아몬드·서화·골동품·부동산 등)은 시장성과 환금성이 금융 자산에 비해 떨어지고 어느 정도의 전문적인 지식과 경험이 필요하게 된다. 투자 대상에 대한 정보 입수가 어렵다는 정도 특성이라 할 수 있을 것이다.

그러면 이러한 실물 자산을 투자 운용 포트폴리오에 편성시킬 경우 어떠한 점에 유의해야 하는지를 소개한다.

다이아몬드는 액서서리로써 즐기는 한편 가격이 올라갈 때의 묘미를 가지고 있으나, 가격·환금성 등의 면에서는 난점이 많다. 금은 이자는 붙지 않지만 그럼에도 불구하고 재산 포트폴리오에 금을 편성시켜야 하는 필요성을 크게 2가지로 나누어 보면, 하나는 인플레 방지, 또 하나는 만일을 대비한 재산 보전이다. 전장에서도 '은행이 말해 주지 않는 예금의 약점'에서도 소개된 것처럼 인플레가 재산 운용에 있어서 커다란 적이 되고 있다.

금은 소비자 물가를 비롯해서 여러 가격 상승분을 완전히 커버해 줄 수 있다는 점이 금이 갖는 투자 장점이 된다.

금이 인플레에 강한 이유는 3가지이다.

첫째, 금은 인류 최고의 환물 자산으로, 이 때문에 금에 대한 신뢰감은 옛날부터 사람들 마음 속에 정착되어 있다는 점이다.

둘째, 금은 그 자체가 공업용이나 장식용 등으로 사용할 수 있는 가치를 지닌 상품으로, 상품으로서의 금가격은 물가 상승과 함께 상승하게 된다는 점이다.

셋째, 수급 관계가 좋은 현재 인류가 보유하고 있는 금의 총량은 약 7만~8만 톤(잠실 수영장의 약 2배 정도)에 지나지 않으며, 매년 산출되는 금의 양도 1~2%에 지나지 않는다. 이런 점은 경제 성장과 함께 증발되는 통화 공급량에 비해서나 세계 인구 증가율에 비해서도 적은 양이라고 할 수 있다. 장기적으로는 금은 공급 부족으로 이러한 수급 관계상 금가격은 상승 경향으로 이어질 것으로 예상되고 있다.

한편, 유사시를 대비한 자산으로 '세계 공통의 재화재'이다. 따라서 금만큼 강한 자산도 없다. 재산에 10~20% 정도는 금을 편성시켜 둘 필요가 있다. 금가격은 단기적으로는 움직임이 격렬하기 때문에 실제로 금을 살 때는 한 번이나 한꺼번에 다 사지 않는 편이 좋다. '미국 달러 평균법(정기적으로 일정량 또는 일정 금액을 사는 방법)'을 이용하는 게 좋다.

이외에도 투자 대상으로 서화·골동품 등이 있다. A. 크리스티의 작품 중에 'There's no accounting for tastes(취미는 설명될 수 없다)'라는 문장이 있다. 서화·골동품이 그렇다. 이론적으로나 계산은 어렵고 극히 취미성·기호성이 강하다. 취미와 실익이 겸비된다면 바랄 것이 없겠지만 그리 쉬운 일이 아니다.

이러한 것을 투자 대상으로 삼는다면 제일 먼저 좋아하는 것부터 시작해야 한다. 좋아하는 것이라면 가지고 있다든가 보고 있는 것만으로도 즐겁고, 가격이 안 오르거나 약간 가격이 올랐다고 해서 금방 다시 파는 일이 없이 장기 투자로써 긴 안목으로 보면 의외로 투자 성과가 있을 수 있으나 적어도 어느 정도의 전문 지식이 필요하다는 점이 어려운 점이다.

부동산, 토지 신화는 사라졌는가?

1980년대 후반을 전후로 해서 토지 투자만큼 재산 운용 대상으로써 각광을 받았던 일도 드물 것이다. 최근에 들어서는 부동산 투자가 급속히 식어가고 있다. 토지 공급은 유한한 데 대해 택지에 대한 수요는 늘어가, 수요·공급면에서 시가는 장기적으로 GNP(국민총생산)와 함께 상승하리라고 할 수도 있으나, 이것만으로는 현행 토지 세제하에서 보유에 따르는 세금 부담이 무겁고, 재산 운용에 별 매력이 없다. 그렇다고 임대 건물을 짓는다고 해도 건축 코스트 회수마저도 용이하지 않을뿐더러, 입주자의 관리가 따르고 전매해도 양도 소득세에 의해 상당분이 세금 부담에 의해 실질적인 운용 효율은 매우 낮아지고 있다.

이처럼 부동산 투자 묘미가 약해진 배경에서 뭐라 해도 지가 상승의 둔화이다.

이러한 둔화의 원인을 3가지로 집약해 보면,

첫째, 수요 신장의 둔화를 꼽을 수 있다. 경제의 저성장기에 들어서서 국가·지방 자치제·기업·개인의 용지나 택지 취득 능력이 크게 저하되고 있고, 산업 구조의 변화, 혼인 건수, 출생률 감소 등의 사외 구조 변화의 영향도 무시할 수 없다.

둘째, 정책면에서 규제와 양도 차익 중과세 등의 세제면에서 억제가 자산 선택의 면에서 토지의 유리성을 상당 저하시키고 있다.

셋째, 금리 자유화 진전의 영향을 들 수 있다. 지금까지 토지는 인플레 방지 대상으로서 최적의 자산 운용 중 하나로 꼽혀 왔었다. 그러나 종래와는 달리 더욱 진전될 것으로 보이는 금리 자유화 아래서는, 가령 물가가 대폭적으로 상승한다고 해도 금리는 이것을 커버할 수 있을 정도로 오를 수 있어 종래대로 금융 상품보다 토지가 유리하다고는 반드시 볼 수 없다는 점이다. 이런 점에서 거대한 '토지 신화'가 사라지고 있다.

그러나 이제부터의 토지는 '소유'보다는 '이용'하는 시대이다. 입지 조건이나 이용 방법에 의해 큰 차이가 날 수 있으므로 수익을 위한 활용법에는 이 점을 유의할 필요가 있다.

알아두면 이익되는 해외 투자

지금은 사업이나 관광으로 해외에 다녀오는 것을 일상 다반사화되어 있는 시대이다. 우리 나라 경제도 저성장 시대를 맞이했다고들 해도 국력 신장으로 얼마 안 있으면 선진국 대열에 나란히 어깨를 겨루려고 한다. 거기에다 금융 개방화와 함께 국내만을 주로 투자 대상으로 삼던 투자가들도 해외 투자에 주목하기 시작했다. 그러나 아직은 일반 투자가들에게 있어 해외 투자는 먼 이야기인 듯하다. 이것도 일반인에게 문화가 개방되는 시가가 올 것이다.

실제 투자와는 거리가 멀지만 참고로 소개하면 아직까지는 우리 나라에서 기관이나 회사나 일부 개인만이 해외 투자에 관여하고 있다. 국내에 있으면서 할 수 있는 것으로는 해외 증권 투자나 해외 예금 등이다.

해외 증권이나 해외 예금인 경우, 외국 통화로 통용시키므로 외환 관리 규제를 받는 등, 외화 예금 개설이 거주자 계정과 비거주자 계정으로 나누어 이자율이나 세금 등에서 차이가 나타난다.

또 은행에 따라서 외화 자금 부장이 국제 금융 시장에서 거래 통화를 감안해서 예수 통화를 제한하기도 한다.

해외 투자의 매력은 뭐라고 해도 외환 변도에서 오는 외환 차익이다. 살 수 있다면 미국의 TB(미국 재무성 증권)를 사고, 미국 달러화가 강세를 보이면 TB에서 얻어지는 이익과 외환 변동에서 얻어지는 이익이라는 1석 2조의 투자 효과를 거둘 수 있으나, 현재로써는 우리 나라에서 13%라는 고이율이 얻어지는 상황에서는 해외 투자에 알맞은 상황이 아니지만, 외국처럼 이자율이 낮아지면 자연스럽게 해외 투자에 눈을 돌릴 수밖에 없을 것이다.

한국외환은행 딜링룸의 한 관계라는 우리 나라에서도 5년 정도 지나면 해외 투자가 활성화 무드가 서서히 조성되리라고 조심스럽게 예상하면서 실제로 외화 자금부를 중심으로 파생 금융 상품 개발로 해외 예금의 금융 상품을 준비하는 중이라고 소개하고 있다.

그러나 해외 투자는 외환 변동 이익, 또는 환차 리스크 방지 등의 매력도 있지만, 반대 외환 변동으로 손해를 볼 수도 있다. 우선 일반 투자가들은 소액의 외화라면 은행의 외환 영업부에서 외화 예금을 할 수 있으므로 먼전 외환 감각을 익히는 데서부터 시작해야 한

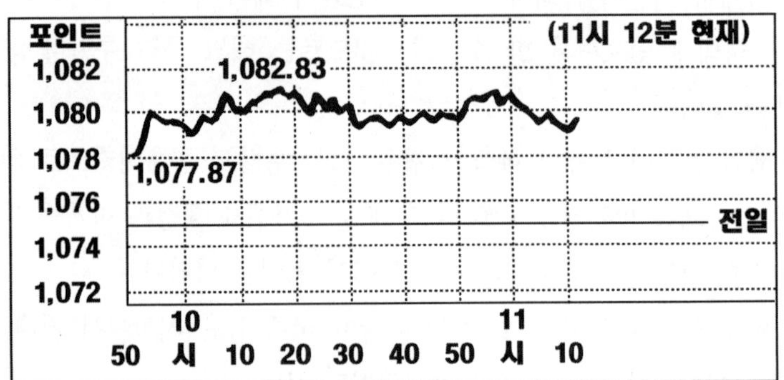

다. 여기서 소액 외화로 외화 예금하는 경우에는 국내 예금보다 금리가 낮으면 해외 은행의 서울 지점들 중에서는 금리가 아예 없는 경우도 있으므로 유의해야 된다.

참고로 외화 예금의 금리는 은행에 따라 다르지만, 현재에는 외환 은행의 경우 연 8%를 넘지 않는다.

주주의 3가지 재미

주식 투자는 가격이 오르면 팔고 이익을 챙기는 외에도, 또 다른 주식 투자에 즐거움이 있다. 국내외의 정치·경제·산업·기업의 움직임을 끊임없이 주목하게 된다는 점에서 시야가 넓어지는 것 외에도 각종 할인권이나 회사 상품들이 보내오는 등의 주주 우대도 즐거움이다.

1) 배당

투자가 어느 회사 종목을 매수한 후 후술하는 것처럼 결산기의 명의 서환을 무사히 마치면, 그 회사 결산일이 끝나고 2개월 정도 지나면(주주 총회 종료 후) 배당금 영수증이 보내온다. 이것이 배당이다. 이 영수증은 서면에 기재되어 있는 은행에서 지불 취급 기간 중이라면 언제든지 현금으로 바꾸어 준다. 결산기에 때마다 회사가 그 이익을 주주에게 배분하는 것이 '배당'이다. 금액은 회사마다 다르다. 업적에 의해 늘어나거나 줄어들기도 하고, 심할 때는 무배당이 되는 때도 있다. 따라서 이런 점에서도 주주는 소유하고 있는 종목의 업적이나 동향에 관심을 안 가질 수가 없을 것이다.

예금 이자처럼 고정되어 있는 것은 아니어서 일정한 보증은 없으나, 역으로 업적이 향상되면 증배가 이루어지는 것도 주주가 가질 수 있는 즐거움의 하나이다.

2) 증자

증자에는 무상 증자·액면 할당·공모 증자 등이 있으나, 주주에게 유리한 것은 무상 증자와 액면 할당이다. 무상 증자라고 하는 것은 주주가 가지고 있는 주식수에 맞추어 문자 그대로 무상으로 주식을 받는 것이다. 이를테면 '2할 무상'이라는 경우에, 그 회사의 주식을 5천 주 가지고 있다면 1천 주(5천 주의 2할)의 주권이 무상으로 얻어져 주식 수는 합계 6천 주가 된다.

그러나 무상 증자가 이루어지는 시점에서는 계산상 증가(이 경우 2할)된 비율만큼 주가가 내려가지만, 선행 업적이 좋을 것으로 예상되는 회사의 경우는 주가가 회복되어 원래의 수준으로 되돌아가거나, 그 시세를 상회하는 일이 많다. 이렇게 되면 무상으로 받는 주식만큼 또 이익이 나게 된다. 이 무상 증자야말로 주주만이 가질 수 있는 주식의 매력이다.

3) 액면 할당

액면 할당도 무상 증자와 비슷한 점이 있다. 통상의 주식 시가는 액면(50원)의 몇 배에서 수십 배까지 달하므로, 가령 액면분이 대금만을 지불한다고 해도 주주에게는 유리한 일이 아닐 수 없다.

4) 공모 증자

공모 증자의 경우는 사정이 다르다. 증자를 할 때 기존의 주주와는 관계 없이 널리 일반으로부터 공모를 하기 때문에 직접적으로는 주주에게 있어 커다란 이득은 없다. 그러나 증자에서 얻는 프레미엄(공모 가격과 액면과의 차액)을 주주에게 환원하기 때문에 조금 지난 후에 무상 증자가 이루어지는 일이 많다. 그 경우 앞에서 밝힌 것처럼 주주에게 있어서는 매우 유리한 점이다.

5) 상승 이익

이것에 대해서는 별로 언급할 필요가 없을 정도로 주식 투자의 가장 기본적인 것이고 일반적인 즐거움이다. 이것은 경험해 본 투자가만이 알 수 있는 일이다. 그러나 당연한 일이지만, 주식은 원래 보증되어 있지 않은 것으로써, 매수할 때의 가격보다 하락하여 역으로 하락 손해가 나올 수도 있다.

주식으로 재산을 늘리는 것이 그리 쉬운 일이 아니다. 주식 투자 성공이 결코 쉽게 이루어지지 않는다는 점도 유의해야 된다.

증권 회사를 잘 선택하는 방법

일반 투자가들이 실제로 주식을 사고 팔기 위해서는 증권 회사에 주문을 내게 된다. 일반 투자가 개인이 직접 증권 거래소에 가서 주문을 할 수는 없다. 투자가로부터 매매 주문을 증권 회사가 받게 되어 있다. 따라서 증권 회사 이외의 곳에 주식 매매 주문을 내는 일은 없어야 된다.

그러면 어떠한 증권 회사를 선택하는 것이 좋은지, 그 기준은 어디에 있는지 알아보려면 우선 영업 규모의 크기와 담당자의 태도 문제도 나누어 볼 수 있다. 시중의 대형 증권 회사는 평균적으로 중소 증권 회사보다는 자산 내용도 좋고 자금력·정보력·인재들을 고루 갖추어진 점이 장점이다. 점포 숫자가 많은 것도 편리하고 안심할 수 있어 좋다.

그러나 대형 증권 회사는 크기가 대형인만큼 당연히 경비도 많이 들게 된다. 그런만큼 각 지점의 목표 수치도 커지므로 이것을 충당하기 위해서 법인이나 개인 대형 투자가들을 중심으로 영업을 하기도 한다. 업무량에 비해 수익이 올라가지 않는 소형 개인 투자가들은 서비스 면에서 뒷전에 밀어놓은 경우도 있을 수 있다.

한편 중소 증권 회사는 대형 증권 회사에 비하면 규모 면에서 작을 뿐 아니라, 여러 가지 면에서 대형 증권 회사와 상당히 간격이 생긴다. 점포 숫자도 적을뿐더러 정보력 등의 면에서 열세에 놓일 수도 있다.

그러나 규모가 적은만큼 영업면에서 무리를 하지 않아도 되는 점이 소형 투자가들에게 적극적인 대우를 할 수 있다는 점이 고려된다. 때에 따라서는 매도나 매수의 흐름을 알려주는 서비스를 해 주기도 하고, 소형 투자가들에게 서비스를 대형 증권 회사보다는 소형 증권 회사 쪽이 소형 투자가들에게 더 빨리 알려 준다고 하는 투자가들도 많이 있다.

이렇게 대형 증권 회사나 소형 증권 회사는 각 나름대로의 장점과 단점을 가지고 있어서 이러한 것을 보더라도 단순히 규모 면만을 가지고 거래 증권 회사를 정하는 것은 다시 고려해 보아야 된다.

이상이 '회사'와 관련된 것이라면, 다음은 '담당자'라는 개인에 관한 것을 소개하겠다.

투자가가 직접적으로 접하게 되는 사람은 회사를 배경으로 하는 영업 담당이다. 오히려 투자가에게 있어서 투자의 성공과 실패에 영향을 줄 수 있기에 투자가에게 있어서 매우 중요하다. 물론 능력 있고 좋은 영업 담당자를 만나게 되면 행운일 것이다. 그러나 여기서 고려해 보아야 하는 것은 '좋은 영업 맨'에 대한 판단과 기준이 회사와 투자가 사이에는 차이가 있다.

회사 쪽에서 보는 우수한 영업 맨은 물론 고객이 신뢰를 얻고 있는 것이 필요하지만, 그것만으로는 충분하지는 않다. 회사 쪽에서의 신뢰는 할당 상품의 소화, 수수료 수입을 많이 올릴 수 있는 능력을 발휘하지 않으면 안 된다. 영업 맨 개인 쪽에서 보더라도 좋은 영업 성적을 올리는 일은 우선 자신을 위해서 좋고 다음이 회사를 위해서 좋다. 거기에다 고객의 운용 성적도 올라가지 않으면 안 된다.

세 마리 토끼를 한꺼번에 잡는다는 일이 쉬운 일이 아니다. 영업 맨은 이 순서가 거꾸로 되는 것을 피하려는 입장일 것이다.

한편, 투자가들에게도 문제는 있다. 많은 투자가 이 경우 영업 맨의 투자를 위한 적절한 조언이나 사람에 따라서는 지도까지도 기대한다. 그러나 영업 맨은 컨설턴트가 아니다. 그들은 회사에 보다 많은 수수료 이익을 올릴 수 있도록 행동을 훈련을 받아 온 전문가들이다. 투자가에게 적절한 어드바이스나 교육 지도를 하기 위한 전문가들은 아니다. 투자 조언이나 지도 등은 영업 맨과는 전혀 다른 전문가들이 담당하는 파트이다. 만약 상당한 투자 지혜나 경험을 가지고 자신이 직접 종목이나 타이밍을 선택할 수 있는 투자가라면, 양심적이고 정확하게 사무 처리하는 능력을 가지고 있는 영업 맨과 거래를 하면 충분하다.

그러나 만약 투자가 자신이 여기까지 능력이 미치지 못한 경우는 지도나 조언을 해 주는 전문가를 찾아야 할 것이다. 증권 회사 영업 담당자를 거기까지 기대하거나 의뢰하는 것은 성공하는 투자를 위해서는 다시 생각해 봐야 한다.

실제적으로 유효한 증권 회사 선택 방법으로써는 자택에서 가까운 점포를 선택하는 방법이 있다. 이것은 은행도 그렇지만, 점포는 가까운 거리 지역 내에 있는 사람들을 소중히 여기는 경험이 있다. 왜냐 하면 엉터리 조언으로 조언을 하여 거래를 하게 되면 이것은 전언되어 지역 내에 모두 퍼지므로 전체 거래에 상당한 손상을 입을 수 있기 때문인 것을 두려워하기 때문이다. 그 외에도 가까울수록 왕래가 쉽고 왕복 소요 시간이 짧아 좋을 것이다.

마지막으로 증권 회사는 면허제로서, 증권 회사의 면허는 다음 4가지이다.

1. 유가 증권 매매에 관한 업무(자기 매매 딜러 업무)
2. 유가 증권 매매 거래 등의 업무(거래 중계 업무)
3. 유가 증권 인수 매출에 관한 업무(인수 · 매출 언더 딜러 업무)
4. 유가 증권 모집, 또는 매출 취급에 관한 업무(모집 · 매출 취급 업무)

이 4가지가 모두 갖추어진 회사를 종합 증권이라고 한다.

증권 회사와 좋은 관계를 맺는 방법

한 투자가는 증권 회사와의 관계에 곤란을 겪고 있다. 투자가 최씨는 6년 전에 물려받는 유산 상속 재산(대부분 주식)이 있어 대형 증권 회사 K지점과 거래를 시작했다.

어느 날 당시 인기가 있어 시작되었던 종목 B를 권하는 연락이 와서 여기에 따라 매수를 했다. 최근에는 30만원 정도의 이익이 났다. 그런데 그 이후 특별히 승낙을 하지 않았는데도 같은 B종목의 매매 보고서가 계속 날아들어 왔다. 이상하다고 생각해서 도중에 매매를 중지해 줄 것을 연락했으나 그 때마다 부정확한 대응으로 결국 6회에 이르는 매매가 계속됐다. 그런 동안 약간의 이익이 나온 것은 최초 1회뿐이었고, 결과적으로 손해를 본 금액은 300만원이 되었다. 이에 투자가 최씨도 참을 수 없어 지점장과 직접 담판을 지어야 하겠다고 생각하는 동안 이번에는 그 담당자가 다른 지점으로 전근해 버렸다. 이번에는 새로운 담당자가 인사를 왔다. 일단 전임자의 일을 사과하고 빨리 손해를 만회하기 위해 다른 종목을 선택할 것을 권했다.

그러나 지금까지 석연치 않은 매매가 계속되어 손해를 본 최씨는 지금까지의 경우 전임 영업 담당자에게서 손해를 물어내라고 할 수 있는지, 또 앞으로 이런 일을 방지하기 위해서 어떻게 하면 좋을지 생각하지 않을 수 없다.

증권 회사는 고객의 의지를 확인하지 않고 마음대로 주식을 매매할 수 없게 되어 있다. 또 일반 투자가가 손해를 입을 수 있는 매매를 마음대로 해서는 안 되게 되어 있다.

증권 회사 담당자도 이런 것을 모를 리 없다. 따라서 최씨 이야기대로 무단 매매라고 하면 증권 회사는 책임을 피할 수 없고, 교섭 여하에 따라서 손실금 일부 또는 전액을 반환받을 수 있는 것도 가능하다.

그러나 문제는 이러한 사실 관계의 입증이다. 투자가와 증권 영업 담당자와의 거래는 통상 구두(전화를 포함)로 이루어지므로 이처럼 양쪽 사이에 문제가 생겨 투자가 측에 잘못이 없다고 해도 증거가 없으면 곤란하다. 따라서 영업 담당자의 거래 내용을 테이프에 녹음해 둔다든지, 무단 매매 중지 요청 또는 중요한 연락은 지점장 앞으로 우체국에서 내용 증명으로 보낼 필요가 있다.

여하튼 이러한 증권 거래 중에 일어나는 문제의 사후 처리는 시간인 비용이 걸리므로 이러한 일들이 일어나지 않게끔 사전에 최선의 주의를 하는 것이 필요하다. 그렇게 하기 위해서는,

첫째, 부정확한 일임 매매는 요청하지 않을 것.

둘째, 매매 내용(종목명·주식수·단가·매매별) 등은 증권 회사로부터의 전화 연락과 후일 우송되는 매매 보고서를 반드시 체크한다.

셋째, 만약 애용에 틀린 것이 있으면 조속히 연락을 취한다.

등의 기본적인 사항 확인을 태만히 하지 않는 것이 중요하다.

그런데도 문제가 일어나고, 아무리 매매 중지나 거래 금지를 요청해도 응하지 않는 경우에는 그 이상 악화를 피하기 위해 조속히 전

문가나 그 증권 회사의 관리 책임자(지점장·본사 검사부장) 등과 상담하는 것도 좋다. 그러나 증권 회사와 개별적으로도 잘 풀리지 않을 때는 각 지구의 증권업 협회나 증권 거래소에 중개와 조정을 신청해야 한다. 당연한 일이지만, 이러한 업계 단체에서는 일부 악질 투자 고문과의 문제는 신청을 받지 않는다.

올바른 주문 방법

증권 회사와 담당자가 결정되면 거래를 개시하게 된다. 이를 위해서는 우선 소정의 용지에 주소·성명·인감을 기입 날인한 후 거래 구좌를 설정하게 된다. 이후 매매 대금이나 주권 수수는 모두 거래 구좌를 통해 이루어진다. 그리고 주문을 내게 되는데, 이 때에는 정확한 ①종목명, ②매도·매수의 구별, ③주식수, ④가격, ⑤위탁 주문의 유효 기간 등을 증권 시장에 지시한다. 또 주식을 매수할 때는, 대금을 매도할 때는, 주권을 주문과 동시에 맡기게 된다. 이 경우 영수증 또는 보관증을 받아야 되는데, 지금은 카드로 전부 처리되고 있다.

매매가 성립되면 통상 그 날로부터 3~4일 후에 증권 회사로부터 '매매 보고서'가 우송되므로 자신의 주문 내용과 다른 점이 있는지 반드시 확인해야 한다. 증권 회사에 주문을 낼 때는 주의해야 할 몇 가지를 소개하겠다.

1) 종목

상장되어 있는 종목 수가 많으므로 그 중에는 비슷한 종목 이름들이 많다. '화신 기계'와 '화천 기계', '아남 산업'과 '아남 전자', '삼성 전자'와 '삼성 전기'와 '삼성 전자' 등 착각을 일으켜 종목을 잘못 주문하는 경우도 있다.

발주를 할 때에는 정식 회사명과 정확한 코드 번호를 가지고 주문하게 되면 실수는 일어나지 않게 된다. 또 증자에 의해서 '신주식'과 '구주식'이 있는 경우에는 그 구별을 확실히 해 둘 필요가 있다.

2) 주식 수

매매 단위는 보통 10주(1단위)이나, 주가가 비싸므로 증권 거래소가 특히 인정한 것 등에 대해서는 예외인 매매 단위를 사용하기도 한다.

3) 가격

주가는 시간에 따라 변화하므로 주문을 낼 때에는 가격에 대해서 조건을 붙일 필요가 있다. 보통의 경우에는 '주문 가격'과 '지정 가격'의 2가지 방법이 있다.

'주문 가격'은 희망하는 가격(주가)을 투자가가 지정하는 방법으로, 예컨대 '삼성 전기'의 주식을 4,800원에 2천 주라고 희망 가격을 지정해서 주문을 내면 투자가의 주문 가격이 지정되므로, 증권 회사는 이 지정 가격에서 1원이라도 비싸거나 싸도 사지 않는다. 반대로 1원이라도 싸면 팔지 않는다(그러나 지정 가격보다 싸게 사거나 비싸게 파는 경우는 있다). 지정 가격 주문인 경우에는 희망 가격보다 비싸게 사거나 싸게 파는 일은 없으므로 이 점은 안심이지만, 약간의 근소차의 가격일지라도 매매가 성립되지 않으므로 매매를 서둘러야 하거나, 주가 변동이 클 때에는 매매가 좋은 기회를 놓치는 일이 있을 수 있다.

한편, '위탁'인 경우에는 가격을 지정하지 않고 얼마라도 좋으므로 매수·매도를 해 달라고 주문하는 방법이다. 매매가 성립되는 확률이 가장 큰 방법으로 매도·매수를 서둘러야 할 때 알맞은 방법이다. 또 주가 변동이 심할 때는 예상 이상으로 비싼 가격으로 사게 된다거나, 역으로 예상 외의 싼 가격으로 팔리는 일이 있으므로 주의가 필요하다.

증권 거래소에서는 지정 종목 이외는 1일 중의 변동폭을 제한하고 있으나, 지정 종목의 경우는 호재가 등장하면 하룻동안 주가가 배로 뛰는 경우도 있다.

4) 주문 시간

통상 시작은 평일 9시 40분부터 11시 40분까지(전장 또는 아침장), 오후 1시 20분부터 3시 20분까지(후장 또는 저녁장) 2시간씩 2회 이루어진다(토요일은 오전장 뿐).

매도·매수 주문을 낼 때에는 자기 나름대로의 주가를 예상해서 시간대를 조건 지어 주게 할 수도 있다. 전장과 후장 사이를 다음과 같이 6종류로 구별할 수 있다.

1. 오전 전장 입회 개시 시점
2. 전장 도중

3. 전장 최종 입회 시점
4. 오후 후장 입회 개시 시점
5. 후장 도중
6. 후장 최종 입회 시점

〈한국 증권 신문〉 또는 증권 거래소에서 나오는 〈시장지〉를 참고로 하는 것도 좋다. 또 시간대 조건을 단 주문을 내는 경우에는 시간의 경우를 가지는 것이 중요하다. 주문을 내고 그것이 실제로 시장에 가기까지는 어느 정도의 시간이 걸리므로 이 부분을 고려해서 주문을 내야 한다. 또 이렇게 해야 후에 증권 회사와의 쓸데없는 마찰을 피할 수 있다.

5) 유효 기간

'당일 전장'만인지, '하루 중'인지, 또는 0월 0일까지인지 등을 구체적으로 지시해야 된다. 이 지시가 없으면 당일만 유효한 주문으로 간주되어 처리된다.

증권 거래소에서의 가격 결정 수준

주식 시장에서의 주식 가격은 '경쟁 매매'로 결정된다. 결정 매매의 의미는 다수의 매도와 다수의 매수 사이에서 결정을 하면서 거래가 성립되어 가는 방법이다.

참고로 매도하는 사람이 1인이고 매수하는 사람이 1인인 경우의 거래를 '상대 매매'라고 한다. 또 매수는 사람이 1인이고 매도하려는 사람이 다수인 경우는 '입찰 매매'라고 한다. 경쟁 매매는 상대 매매나 입찰 매매와는 달리 매수와 매도가 서로 다수로써 서로 주문을 내는 경우에 알맞은 경우이다.

투자가가 낸 주문을 증권 회사 본점에 모여들어 증권 회사에서 증권 거래소에 있는 자기 증권 회사 직원에게 전해진다. 증권 거래소에 나가 있는 각 증권 회사 직원은 투자가로부터 받은 주문을 입회장 직원에게 준다. 여기서 입회장의 직원은 회원 증권 시간의 매도·매수의 중계를 하게 된다.

이러한 주문을 증권 거래소의 일정 용지에 기입된다. 그리고 증권 거래소의 업무 규정에 의해 매매 주문을 성립시켜 나간다. 여기서 증권 거래소의 몇 가지 업무 규정 순서를 소개하겠다.

1. 낮은 가격의 매도 주문은 높은 가격의 매도 주문보다 우선하며, 높은 가격의 매수 주문은 낮은 가격의 매수 주문보다 우선한다.

2. 동일한 가격의 주문에 대해서는 먼저 나온 주문이 후에 나온 주문보다 우선하며, 동시에 나온 주문과 주문 시간이 확실치 않는 경우에는 증권 회사 단위에 의해 주문 수량이 많은 순서로 하고, 주문 수량이 같은 경우에는 용지 기재 순서로 한다.

3. 위탁 주문은 그 외의 주문 '지정 가격 주문'보다 우선한다.

거래 종류와 방법

투자가의 주문을 토대로 증권 회사는 증권 거래소에서 매매를 하게 된다. 매매 거래 종류에는 결재일을 기준으로 하여 다음과 같이 4종류가 있다.

1) 보통 거래

매매 계약이 성립된 날(약정일)로부터 그 날을 포함해서 3일째(당일이 휴일인 경우에는 그 다음날)에 건네주는 수도 거래(주권과 현금, 현금과 주권)이다. 가장 일반적인 거래로써 통상 이루어지는 거래의 99% 이상이 이 방법이다.

2) 당일 결재 거래

매매 계약이 성립된 날로 수령하는 거래로서 '즉일 거래'이다. 이 거래는 현금이나 주권이 금방 필요할 때에는 편리하지만, 거래소에서 증권 회사 간의 수령이 통상 며칠 걸리므로 그간 증권 회사가 입체해 주는 형태가 되므로 거래 증권 회사의 승낙이 필요하다. 또 증권 회사의 승낙을 얻어도 보통 거래에 비해 매수할 때나 매도할 때 더 비싸거나 더 쌀 수가 있다.

3) 특정일 결재 거래

발행일 결재 거래는 증자 신주 권리 매매이다. 앞서의 3가지는 그 어느 것도 이미 발행된 주식 거래이다. 발행일 결재 거래는 아직 나오지 않는 주권을 매매한다는 점이 큰 차이점이다. 이 거래 기간은 통상 2~4개월이다. 그간 반대 매매를 할 수도 있으나 결재는 모두 신주 발행 후에 이루어진다.

이처럼 미 발행 주식 거래를 증권 거래소에서 인정하는 것은 신주가 나올 때까지 차익을 노리는 투기적 움직임을 방지하기 위해서라는 점과, 주주에 실제 주권이 들어가기 전에 어떠한 원인으로 주가가 하락하는 경우에 주주 이익을 보호하기 위해서이다.

발행일 결재 거래가 가능한 종목은 발행 회사가 신청해 증권 거래소의 승인을 얻은 종목에 한한다. 또 거래 기간은 개개 종목에 따라 거래소가 결정해서 발표된다. 그러나 요주의해야 할 것은, 이 거래는 거래 기간이 길기 때문에 실제 거래에 있어서는 신용 거래와 같이 증권 회사에 '발행일 결재 거래 위탁에 관한 승낙서'나 '위탁 보증금'을 내야 한다. 위탁 보증금 조건은 신용 거래에 준하게 된다.

발행일 결재 거래 결재일은 최종 매매일(신주 발행일로부터 약 1주간 후)에서 15일 이내 거래소에서 정한 날로 되어 있으나, 실제로는 보통 거래에 준해서 최종 매매일로부터 4일째가 된다.

매매 수수료에 대한 주의

매매 주문이 성립되면 다음은 주권이나 현금을 받게 된다. 이 때 증권 회사에 지불하게 되는 수수료(정식으로는 주식 매매 위탁 수수료)

와 세금이 필요하다.

주식을 살 때(매수) 0.5%의 수수료가 들고, 주식을 팔 때(매도) 수수료 0~5%에 농어촌 특별세 0.15%와 거래세 0.35%가 든다. 당연한 일이지만 이 부담이 결코 무시될 수 없다. 주식을 매수해서 얼마간 상승했다 해도 경비 이상 오르지 않으면 증권 회사에 좋은 일 시키고 실제 이익은 나오지 않는다. 투자가는 항상 수수료 부담을 고려해서 주식 매매를 하는 습관이 필요하다.

이처럼 주식을 일단 사고 나서 15% 이상 오르지 않으면 이익은 없다고 보아야 하고, 오히려 손해를 본다. 실제로 매각해서 이익을 내기 위해서는 1.5% 이상 상승해야 한다는 점을 생각해야 한다.

명의 서환을 내는 방법

주주의 3가지 즐거움으로 배당·증자·가격 상승의 이익을 들었다. 이 중에서 두 가지는 '명의 서환'을 해서 주주 명부에 기재되어 있지 않으면 배당이나 증자의 권리를 가질 수 없게 된다. 주식은 매수한 것만으로는 정식 '주주로서 인정이 되지 않는다. 여기서는 '정식 주주'로서 등록하는 방법을 소개한다.

구입한 주권에 '명의 서환 청구서'와 '주주표'를 첨부해서 발행 회사나 발행 회사명의 서환 대리인(신탁 은행이나 증권 대행 회사)을 선정하고 있는 경우에는 명의 서환 대리인에게 제출하면 된다. 용지는 발행 회사의 명의 서환 대리인에게 있다.

주주 명부에 등록(주주의 주소·성명, 소유하고 있는 주식의 종류, 주식 수, 권면의 기호·번호·취득 연월일·제출일 등)을 기입한 후 제출된 주권에 이서(취득 연월일·주주명이 기입되고, 확인 도장이 날인되어)되어 발송되면, 이것으로 정식 주주로서의 등록이 끝나게 된다. 이렇게 되면 배당금도 받게 되고, 증자가 있으면 신주도 받을 수 있다.

명의 서환에 드는 기간은 통상 1주일부터 10일 정도, 단 증권 회사에 부탁하는 경우에는 더 오래 걸릴 수가 있다. 또 3월과 9월을 중심으로 결산하는 기말에는 서환과 주권이 급증하기 때문에 통상 기간보다 더 오래 걸리게 된다.

주권을 명의 서환으로 발행 회사에 내고 있는 동안은 당연하지만, 매각을 할 수 없다. 단 신용 거래 종목의 경우는 우선 신용 거래로 팔아서, 후에 주권을 되돌려주는 방법도 있다.

명의 서환에서 주의해야 할 점은 명의 서환이 언제나 되는 것이 아닌 점이다. 통상적으로 주식 회사는 기말 권리 확정일 이후 일정 기간(보통 1개월) 주주 명부를 패쇄하여 그간 명의 서환을 정지한다. 이것은 기말 현재, 배당이니 증지 신주 할당을 받을 수 있는 권리를 가진 주주를 확정하기 위한 작업에 필요한 기간으로, 이것을 '명의 서환 기간'이라고 한다.

이 기간에는 명의 서환 청구를 해도 정지 기간이 종료하기까지는 서환으로 해 주지 않으므로 주주 명부에 기재되는 것은 다음 기가 된다. 만약 그 기에 배당 등의 권리를 받으려고 한다면 빨리 서환을 보내야 한다. 그러나 서환을 보내려고 했지만 잃어버렸다든지, 서환 정지 기간 중이라든지 해서 서환을 할 수 없는 경우도 있다.

배당금 영수서와 무상 주권 등이 '주주 명부'상의 주주인 구주주에게 보내어지게 되는데, 현재의 실질상이 주주라는 증명서(증권 회사에서 발행해 줌)을 첨부해서 구주주에게 대해 배당금 영수서와 신주권 등의 인도 청구를 할 수 있다. 증권 협회의 통일 관습 규칙에는 실질 사의 주주가 구주주에게 청구할 수 있는 금액은 ①배당금의 경우 50%, ②무상 교부의 경우에는 그 주식 시가의 80% 이상, ③유상 증자의 경우는 그 주식 시가에서 불입금을 뺀 나머지 금액의 60% 이상 등으로 되어 있다. 그러나 이것은 일종의 기준으로 물론 강제력이 없어 최종적으로 구주주가 이에 따르지 않아도 어떻게 할 수가 없어 별 의미가 없다.

명의 서환을 하지 않는 경우는 잃어버렸다든지, 늦어졌다든지 하는 것 외에도 최초부터 일부러 서환을 하지 않는 경우도 있다. 이러한 투자가들은 캐피털게인(상승 이익)만을 목적으로 한다든가, 세금상의 이유로 명의를 내지 않는 케이스이다. 또 무배재당주인 경우에는 일부로 명의 서환을 해야 할 의미가 없으므로 결산기가 되어도 그대로 두는 것이다.

그러나 이런 경우에는 산 주권이 위조·도난 등의 사고 주가 아닌지의 확인, 또는 진정한 주권일지라도 이번에는 분실이나 도난 등의 사고 방지를 위해서도 명의 서환을 해 두는 것이 좋다.

한편, 수도 증권이 아닌 경우에는 은행에서 직접 해 주기도 한다.

주권 보관에 요주의

주권 보관은 현금만큼 주의를 해야 한다. 주권 매각의 경우에서 알 수 있듯이 주권은 따로 명의 서환을 하지 않아도 그대로 매각을 할 수 있다.

주권은 보유자가 정당한 보유자라고 추정되는 상품이다. 다시 말해 현금가 같다고 생각해야 한다. 분실하거나 도난되면 그것으로 끝이라고까지 생각해서 보관에는 충분한 배려가 필요하다.

보통 투자가들이 많이 이용하는 것이 증권 회사의 '보관'이다. 증권 회사에 보관하게 되면 매매할 때마다 가지고 다니지 않아도 되고 명의 서환 시가나 증자 때에도 사전에 연락해 주므로 편리하다. 공사채나 투신 등을 보관해 두어도 상환 연락 등을 해 주고 구좌 관리료도 매우 싸다.

또 보관되는 것은 주권·공사채 등 유가 증권에 한하게 된다. 또 그 내용과 명세가 증권 회사에서 파악되므로 매각이나 종목 변경 등 관련 거래를 전유받게 된다.

그러나 내용에 대해서는 은행이 관여하지 않으므로 주권의 명의 서환 등 권리 보전에 관한 관리에 주의해야 한다. 사용료는 은행에 따라 다를 수도 있으나 한빛은행은 금고 크기에 따라 보즘금 4만원부터 36만원까지 있으며, 1년 사용료는 9,000원에서 4만원까지이다. 한빛은행과 거래가 있고 본점이나 지점에서 추천서를 받으면 금고를 대여받을 수 있다. 그 후 그 주식은 매각한다든지, 담보에 사용할 때에는 주권을 재발행해 준다. 또 재발행의 비용은 신청자인 주주 부담이 된다.

여러 가지 주의를 했어도 만약 화재나 도난 등으로 주권이 없어졌을 때에는 곧바로 경찰서 또는 소방서에 신고해서 증명서를 발급받아 발행 회사에 제출시켜 명의 서환 정지 의뢰를 한다. 또 증권 회사를 통해 증권업 협회를 경유로 전국의 증권 회사에 도달하게 해서 사고 주권에 주의하도록 한다.

다음은 발행 회사의 본사가 있는 지역의 재판소에서 '공시 최고'를 신청하여 없어진 주권이 무효라는 판결을 얻어야 한다. 이 판결이 내려져야 비로소 주주는 발행 회사에 가서 주권의 재발행을 신청할 수 있다. 그러나 이 판결을 받는 데 드는 기간이 많이 들뿐더러 또 주권을 확실하게 재발행해 받는다고 할 수도 없다. 화재로 얻어진 경우에는 우선 확실히 재발행해서 받을 가능이 높지만, 도난의 경우에는 재발행하여 받지 못할 때가 많다.

도난당한 주권이 이미 시장에서 매각되어 있어 선의의 제삼자에게 건너간 때에는 대항이 어렵기 때문이다. 이런 경우에는 완전히 손해만 남게 된다. 이와 같은 것을 고려해 보면 일단 주권이 도난되면 회복에 필요한 시간과 비용이 과대한 것을 알게 된다. 후에 이렇게 후회하기 이전에 주권 보관에 주의가 있어야 된다.

A. 현재 상황 — 자금 운용의 기초 지식 —→ 각 업자 : 은행
　　　　　　판단력이 없는 '투자가'　　　　　　증권

　　　　　　　　　　　　　　　　　　　　부동산

　　　　　　　　　　　　　　　　　　　　etc.

B. 바람직한 상황 — 자금 운용의 기초 지식과 → 각 업자 : 은행
　　　　판단력을 습득한　　　　　　　　　 증권
　　　　'투자가'　　　　　　　　　　　　　부동산
　　　　　　　　　　　　　　　　　　　　　　etc.

C. 차선책 — 자금 운용의 지식과 판단력 — ① 자기 노력
　　　　이 없는 '투자가'　　　　　　　② 실력과 양심 있는
　　　　　　　　　　　　　　　　　　　　전문가의 지도를
　　　　　　　　　　　　　　　　　　　　받거나
　　　　　　　　　　　　　　　　　　③ 실력 있고 양심적
　　　　　　　　　　　　　　　　　　　　인투자 고문에
　　　　　　　　　　　　　　　　　　　　운용을 맡긴다
　　　　　　　　　　　　　　→ 각 업자 : 은행
　　　　　　　　　　　　　　　　　증권
　　　　　　　　　　　　　　　　　부동산
　　　　　　　　　　　　　　　　　etc.

주식에서 손해를 보지 않기 위해서

　앞의 표에서 보여지듯 '바람직한 지세'라고 할 수 있는 B의 경우
는 투자가가 직접으로 각 업자와 거래를 이루어도 큰 실패나 피해
는 일어나지 않을 것이다. 그러나 많은 투자가들이 A에 속해 있다.
이 부류의 많은 투자가들은 마치 '벌거벗은 임금님'처럼 각 업자의

일방적인 공세에 밀려 '전정한 지위'가 매우 불안정하다. A에 속해 있는 투자가들은 조속히 자금 운용 관리 교육이 필요하지만, '자기 방어'부터 시작해야 된다. 그러기 위해서는,

1) 자기 노력을 해야 한다

자신이 노력으로 시행 착오를 통해서 운용의 진수를 찾아내는 방법이다. 이것은 기본이 되고 가장 중요한 것이지만, 주의하지 않으면 안 되는 것은 '자기류'(아류)에 빠져 들어가지는 말아야 한다. 신문이나 잡지에 이렇게 특수한 경험의 자기류 성공 체험담이 많이 소개되어 있다.

이러한 자기류 성공담은 대개 20년, 30년(또는 일생)에 걸쳐서 많은 실패와 많은 액수의 손실이라는 비싼 수업료를 지불하고 얻어낸 것으로, 통상 하나나 둘에 지나지 않아 긴 세월과 다액이 비용을 고려해 보면 완전히 효율이 나쁜 방법이다.

2) 실력과 양심 있는 전문가와 상담

실력 있고 양심 있는 사람을 만날 수 있다면 이보다도 더 투자 효율을 높이고 실력도 쌓는 방법이 없을 것이다. 그러기 위해서는 겸허하게 운용 지식을 받아들이고, 솔직한 기분과 정당하고 적당한 상담 또는 지도료를 당연히 지불하는 합리적인 생각이 필요하다.

3) 실력 있고 양심 있는 투자 고문을 선택, 유료로 맡기는 방법

물론 여기에는 신뢰할 수 있는 투자 고문을 찾아야 되는 것이 전제된다. 또 이것은 앞에서 2가지 방법과 달리, 자기 자신이 운용 실

력을 쌓는 방법이 아닌 만큼 이에 대한 자각도 필요하다. 그러나 한정된 인생이므로 재산의 본격적인 운용은 전문가에게 맡기고, 자신은 본업에 전력 투구, 또는 여가를 즐기는 것도 합리적인 생각으로 하나의 좋은 견식이 될 수도 있다.

그러나 전문가에게 운용을 맡기는 방법이 아니고 자기 자신이 직접 운용을 하는 경우에는 다음과 같이 다섯 가지 포인트의 마음가짐이 필요하다.

1. 열의를 가져야 한다

실력과 성과는 역시 열의와 노력량에 비례된다고 할 수 있다. 그러기 위해서 필요한 경비는 아까워해서는 안 된다. 예를 들어 〈회사 4계보〉, 〈회사 정보〉, 〈차트 북〉과 같은 것도 사지 않고 주식 투자를 하는 투자가들이 의외로 많다. 이런 경우는 싸워 보기도 전에 패배하는 격이다.

2. 과장 선전이나 광고에 현혹되지 말아야 된다

과장 선전이나 과장 광고에 주의해야 된다는 것을 알면서도 곧 이것을 쫓아가는 것이 투자가들의 좋치 않은 습관이다. 예를 들어 일부일 수도 있지만, 부동산이나 고금리 상품 등 투자 저널 그룹 등에서 화려한 광고로 투자가들을 모은다. 이렇게 커다란 광고를 계속해서 투자가를 모으는 것은 업자에게 그만큼 이득이 있기 때문이다. 그리고 이 막대한 비용은 결국 투자가 부담으로 돌아온다. 이 세상에는 업자와 투자가가 동시에 크게 돈을 벌 수 있는 상품은 없다.

3. 자신의 필요에 맞춰서 주체성을 가지고 투자 대상을 선택한다

단순히 이자율 비교만을 가지고 무조건 고금리 상품만을 선택하는 일이 종종 있다. 자신의 투자 자금 금액과 어느 정도의 기간으로 운용이 가능한 자금으로 해야 한다. 따라서 투자의 기본을 잃어버린 투자는 삼가야 한다.

4. 욕심을 너무 부리지 말아야 된다

'따려고 하는 것은 잃으려는 시작'이라는 주식 격언에서처럼 자기 욕심만이 선행하게 되면 승리의 여신이 멀리 사라져 가게 된다. 오히려 손해를 보지 않도록 주의하는 것이 좋은 성과로 연결되기도 한다.

5. 운용은 포트폴리오로 한다

이것은 전자에서도 소개되었다. 안전하고 유리한 환금성이 뛰어나는 이 세 가지 모두를 갖춘 상품은 이 세상에 실제로 존재하지 않는다. 각 상품의 특성이 파악되면 그 장점과 단점을 자신의 필요에 맞춰서 제4장에서 설명된 것처럼 조화로운 편성을 해서 전체적으로 최적 성과를 목표로 하는 것이 잘 하는 운용 능력의 하나이다.

오늘의 경제 지표

◇순금 1돈쭝(도매) ═ 40,000원(보합)
◇은행 보증 회사채 유통 금리 ═ 14.02%(보합)
◇양도성 예금 증서(CD)유통 금리 ═ 14.10%(보합)
◇쌀(80Kg 중품·도매) ═ 104,921원(+27)
＊회사채·CD는 10시 30분 현재

외환 시세

(7일)자료 : 外換銀

통화	현찰 팔 때	현찰 살 때
미국 1 달 러	779.44	803.16
일본 1 백 엔	778.78	802.48
영국 1 파운드	1,196.25	1,270.23
독일 1 마르크	488.43	518.63
캐나다 1 달러	558.82	593.38
프랑스 1 프랑	142.16	150.94
스위스 1 프랑	578.20	613.96
홍콩 1 달 러	99.25	105.37

국제 금리와 주요국 환율

구분	금리(年, %)	전일 대비 (%포인트)
LIBO금리(3개월)	6.43750	+0.0625
미국 재정 증권 (30년)	7.87	-0.05
1달러 - 엔(도쿄)	100.42엔	-0.12엔
1달러 - 마르크(도쿄)	1.5719마르크	-0.0054마르크

＊환율은 6일 종가(終價)임.

주식 정보 정리술

주식 정보를 수집이나 정보는 특별한 것이 아니다. 주식 정보라고 하면 마치 '극비'처럼 느껴질 수도 있는지 모르지만, 그렇지 않다고 볼 수도 있고, 오히려 정보는 어디서나 찾을 수 있다. 이러한 예를 들어보기로 하겠다.

박모씨는 현재 87세로 증권가에서 투자를 잘 하는 사람으로 잘 알려 있다. 박모씨는 당시 초등학교를 졸업한 후 17세 되던 해 단신으로 만주에 건너가 조그만 가게를 차렸으나 도산, 국내에 들어와서 조금씩 모아 토지를 산 것이 성공, 본격적인 주식 투자를 시작했다. 자택은 성북동에 있지만 보통때는 수년 전부터 살고 있는 자그마한 아파트에서 살며, 일주일에 3번 정도, 오전 중에 택시나 대중 교통 수단을 이용, 을지로 증권가에 있는 S증권에 출근하는 생활이었다. 점심은 항상 근처에 있는 중국집에서 자장면을 들고 찻집에서 쌍화차를 드는 것으로 끝낸다.

그에게는 철강 회사 간부와 대기업 사원인 3명의 자녀와 부인이 있으나, 자녀들에게 재산을 물려줄 생각이 없다고 하여 복지 기금을 설립해 여기에 힘을 쏟고 있다.

그가 증권가에 이름이 알려지기 시작한 것은 오래전 A종목 상장에서이다. 6월부터 움직이기 시작한 주가가 12월에는 337원이라는 가격으로 뛰어올랐다. 120원부터 시작해서 무려 20억원의 이익을 냈다. 그 후 박모씨는 다시 매수를 시작한 H종목이 160원에서 900원까지 치솟았으나 미국의 경기 불황 여파로 300원 대로 떨어져 4자리 숫자까지 바라보았던 박씨의 예상은 빗나가 크나큰 손해를 입고 말았다.

그러나 결정적으로 박모씨의 이름이 알려지게 되는 것은 D종목을 200원부터 사기 시작해서 2만 주를 가지고 있던 박씨의 D종목이 무려 1,230원까지 치솟아 그는 무려 200억원이라는 이익을 내었던 것이다. 이 때 박모씨는 자신의 분석에만 의지하지 않고 매수를 하는 동안 D종목이 본사가 있는 지방까지 내려가 경영진을 만나보기도 하면서 정보를 모아 확인했다.

이러한 예에서 느낄 수 있는 것처럼 주식 투자를 잘 하는 사람들의 '이미지'와는 뭔가 거리가 먼 듯한 느낌을 받을 수도 있다.

'이론적이고 과학적으로 주식 투자를 노력하는 사람'이 주식 투자에 성공하는 사람들의 모습이다. 고령의 박모씨가 행하는 주식 정보 수집과 자료 정리는 자신이 직접하고 있다. 박씨는 특별히 정보원이 있는 것도 아니고 참모역이나 비서도 없다. 신문은 〈한국경제신문〉 한 장이다. TV는 KBS만을 보면서 금리와 외환 변동 동향에는 주의 깊게 주목한다. LME(런던 금속 거래소)의 동시황이나 재고를 수십 년 동안에 걸쳐서 그래프를 그려놓는가 하면, 국제 상품의 시화·수급 관계의 변화에 주목을 해 둔다.

결국은 박모씨의 성공은 이와 같은 넓은 시야에서 세계의 대세와 흐름을 파악, 이것을 우리 나라 경제에 미치는 영향과 변화를 예상하여 매수 종목을 결정하는 방법이다. 따라서 박씨는 현재 시장에서 단기적으로 떠들썩한 호재나 기업의 현재 상태에는 별로 주목을 하지 않는다. 지방에 있는 공장까지 직접 갔다온다든지, 투자선의 경영진을 만나본다든지, 여하튼 실제로 자신의 '눈'과 '귀'로 확인하는 방법을 취하고 있다.

공식 정보만으로는 승부할 수 없다

앞에서의 박모씨의 경우처럼 주식 정보가 결코 특수한 것은 아니다. 그 이유로 2가지를 들어볼 수 있다.

첫째, 우리 나라처럼 민주주의 국가에서는 모든 정보는 기본적으로 공개 되어 있다. 거기에다 각 보도 기관의 취재 경쟁과 출판 경쟁이 뒤따른다. 따라서 재산 운용에 필요한 정보를 일상의 신문·잡지를 시작으로 하는 활자 매체나, TV·라디오 등을 통해서 중요하다고 생각되는 것을 확보할 수 있다고 생각할 수 있다.

둘째, 컴퓨터·데이터 통신 등 정보 전달 기술의 비약적인 발달로 인해 정보의 시간적·거리적 간격을 급속히 축소시키고 있다. 이전처럼 정보 발생원 근처에 밀착해야 할 필요가 없어지게 되어 있다.

이러한 점들에서 볼 때 '정보를 모으는 시대'에서 오히려 지금은 '정보를 정지하는 시대'로써 변화되고 있다고 볼 수 있다.

정보의 '분석', '가공'이 더 중요하게 되고 있다. 환언해 보면 수집되는 정보를 어떻게 '무시해 버릴 것인가', 또는 '호재로 잡을 것인가'가 지금부터는 승부를 가르는 포인트이다.

이러한 공식 또는 공개 정보의 구체적인 정보원은 단행본이나 전문적인 것을 제외한 데일리 베이스가 중심이 된다. 예컨대 신문이라든지, 잡지·라디오·TV를 통해서 얻을 수 있고, 정기 간행물류는 여의도의 '증권 거래소'나, '증권 정보실', '증권 홍보 센터'에서 열람할 수 있다. 이외에도 증권·경제·산업, 각 상장 회사의 B 스크렐 파일 등이 있어 전문가가 아니라도 이용하면 편리하다.

그러나 이러한 공식 정보만으로 충분하지 않은 것이 주식이라고 할 수 있다. 이러한 공식 또는 공개 정보 이외에 인간 관계에 의한 '인간 정보'가 보태지면 정확도는 더욱 높아져 갈 것이다. 각 방면에 신뢰할 수 있는 다체로운 인맥이 있으면 그것은 전화 하나로 표면에 나오기 어려운 '가치 있는 정보'를 입수할 수 있고, 또 이것이 중요한 의지 결정에 도움을 주는 경우가 많다. 그러한 의미에서 '넓은 인맥'이야말로 재산 운용에 있어 성공의 열쇠라고까지 할 수 있을 것이다.

마지막으로 정보 정리 3가지 예를 들어본다.

1) 자기 나름대로의 분석 방법을 지녀라

한 유명한 정치인은 경제의 움직임을 알기 위해서 종합 주가 지수를 참고로 하고, 거리를 질주하는 택시의 빈 차 상황으로 미루어 경기 회복 기미를 알아보고, 또한 채소 가게나 생선 가게 등에 붙어 있는 가격표에서 물가 동향을 느낀다고 한다. 요는 자기 나름대로의 지표를 갖는 것이다.

2) 내부(인 사이드) 정보에 현혹되지 말라

인맥이 넓어짐에 따라 이러한 내부 정보가 귀에 들어 올 수 있다. 하지만 이러한 정보에 너무 빨려들어 실패하는 경우가 많다. 이런 경우, 정보 내용의 양부 판단 능력이 중요함을 잃지 말아야 한다.

3) 시야를 넓혀라

항상 시야를 넓히려는 자세가 필요하다. 너무 좁게 보다가 나무만 보고 숲을 못 보는 경우가 되어서는 안 된다. 앞으로는 시야를 더욱 더 넓히고, 국제적인 사고 감각을 키울 필요가 있다.

경제지·증권업계지의 이용법

주가 주식을 알기 위해서는 매일 볼 수 있는 신문이 기본이 된다. 왜냐 하면 주가가 매일 움직이고 있고, 주가에 영향을 미치는 내외의 투자 환경도 매일 변화하고 있기 때문이다. 여기서는 신문을 크게 일반지와 경제지, 그리고 증권업계지로 나누어 읽는 포인트를 소개한다.

일반지에서는 주식 시세와 주요국 주가 지수·실세 금리 지표·원화 환율·관리 대상 품목과 이외에도 종합 지수와 거래량 추이, 증시 관련 자금 동향 등을 알 수 있다. 또 〈중앙일보〉의 경제면에서는 증권 관련 자료나 뉴스가 많은 것도 특징이다. 그리고 경제 전문지인 〈한국경제신문〉은 기업 관계 뉴스나 주식 관계 자료가 많은 것이 특징으로, 자료로는 단순 평균·종합 주가 지수 이외에도 평균 이율·주식 수익률·시가 총액 등의 마크로 숫자와 주식의 연초 가격 등도 기재되어 있어 투자 작전에 필요한 데이터가 많다. 또한 세계 주요국의 주가 지수, 유럽이나 미국 펀드 등 해외 증권 관련 정보가 충실하므로 투자가에게는 많은 도움이 된다.

주식 투자를 하기 위해서 〈한국경제신문〉을 활용하는 경우, 다음 세 가지로 포인트를 활용하면 편리하다.

1. 기업 업적 관련 기사가 나오면, 그 때의 상장 변화에 따라 다르지만 〈한국경제신문〉의 업적 뉴스는 그 기사가 호재(증액 수정·신상품 및 신기술 개발 등)이든, 또는 악재(감액 수정·사고 보도 등)이든, 특히 예상 이상의 내용인 경우, 해당 기업의 주가가 크게 흔들리는 일이 많다. 이런 경우 우선 업적이 주는 영향의 폭을 냉정하게 파악하는 것이 기본이다.

또 그 이후의 매도와 매수 판단은 그 기사 내용이 증대하고 기업의 명운이 걸려 있지 않는 한 기본적으로 행동을 역으로 나오는 것도 좋다. 다시 말해, 호재료가 이미 주가 포함되어 있으면 매도를 하고, 일과성 악재인 경우에는 매수를 하는 것이 좋을 수도 있다.

2. 종목 진단서적인 성격의 기사가 나오는 경우에는, 기사 성격이 주가가 움직이게 된 배경의 설명과 호재와 불안재를 병기해, 판단은 독자에게 맡기는 스타일의 기사로 되는 일이 많다. 이럴 때에는 자신이 소유하는 주식 수의 처치, 또는 자신이 주목하는 주의 투자 판단에 참고로 하는 것이 좋다.

3. '신용 거래 종목 잔고' 기사에서는 신용 잔고의 중요성에 대해서는 제1부의 앞에서 소개되어 있다. 자신이 주목하고 있는 종목이 신용 거래 종목인 경우에는 반드시 매도 잔고와 매수 잔고의 숫자와 최근 추이의 확인이 필요하다.

마지막으로 업계지(증권 전문지)로서, 업계지도 종류가 여러 가지 있다. 나름대로의 특징이 있으나 종합적으로 주식 투자 종목에 견실한 평론색을 갖는 업계지를 선택하는 것이 좋다.

TV · 라디오의 주식 관련 뉴스

주식 투자에 관심 있는 투자가라면 누구나 조금은 빠르면서 담담한 아나운서 목소리의 주식 시세 방송에 귀를 기울이게 된다. TV나 라디오의 주식 관련 뉴스나 해설에 주의해야 할 점은, 당일의 시장과 주요 종목 시세 움직임을 아는 정도로 해서 참고로 마쳐야 한다. 특히 단기 승부를 거는 투자가들에게 편리한 나머지 매매를 계속하지 않으면 안 되는 '주식 중독'에까지 이르는 투자가들도 많다. 주식 매도 · 매수는 중대한 내용이 아닌 이상 처음 시작했을 때의 목표대로 추진되어야 한다.

한편, 종목 해설에 있어서 방송 회사의 정식 해설 의원으로서 정규로 기용된 평론가 이외의 해설인 경우의 시황 해설이나 추천 종목에는 주의가 필요할 수 있다.

주식 투자 지침서는 신중하게 선택하라

주식 투자를 지침해 주는 지침서는 전문지와 단행본을 포함해서 수없이 출판되어 내용도 천차만별이고 옥석이 함께 섞여 있어 선택에 주의해야 한다.

최근에는 각종 주식 세미나 등이 성황으로, 증권 회사나 증권 홍보 센터에서 무료로 이루어지는 경우도 있고, 수강료를 지불해도 좋으니 실전적·객관적으로 주식 지식을 알고 싶다는 투자가들이 늘어나고 있다.

그 한 가지 예로 증권 회사나 문화 센터의 주식 투자 입문 강좌가 인기를 얻고 있어 사정이 되면 참가해 볼 만하다.

주식 투자 지침서 이용 방법

또한 투자가들을 위해 정보원이나 투자 자료의 성격을 가진 간행물들이 많으나, 이러한 자료들을 잘 이용하는 방법으로써는 2가지가 있다.

1) 자료 데이터 북으로서 사용
일반 투자가가 주목하는 종목은 알아보는 경우, 가장 기본이 되는 것이 그 회사의 업적과 추이, 그리고 재무 내용이다(또 다른 하나는 이후의 업적 예상이나, 여기서는 여러 문제가 있어 다음 항에서 소개한다).

이처럼 회사 정보지를 이용하면 최근의 업적과 재무 자료가 기재되어 있어 필요한 시황 확인과 중요한 숫자를 확인할 수 있다. 예측 숫자는 예외로 한다고 해도 과거 데이터는 틀릴 수가 없다. 이것은 주관이 들어 있지 않은 객관적인 숫자로써 투자 판단에 도움이 된다. 여기서 투자 판단에 필요한 것을 빼내는 데이터 북으로 이용하면 된다.

2) 업적 예상의 참고 자료로써 사용

이익을 낼 수 있는 종목 선택 방법은 여러 가지 있으나, 그 중 중요한 포인트는 제1부의 앞에 소개된 것처럼 그 회사의 업적 변화율이다. 다시 말해 매상고·경상 이익·1주당 이익 증강의 폭 등을 예측하는 것이 기본적으로 중요하게 된다. 왜냐 하면 주가는 항상 장래 업적 변화를 선행해서 움직이기 때문이다.

여기서 주의해야 할 것은 그 예상이 이미 주가에 포함되어 있는지 아닌지를 확인해야 된다. 정보지가 출판되는 동안의 시간 간격에 유의해야 한다는 것이다. 또 그것이 중요한 정보인 경우에는 어느 정도 실제 주가에 포함되어 있는지 아닌지는 '차트북'으로 확인한다.

또 하나 중요한 것은 예상 숫자와 실제의 결산 숫자가 대폭적으로 다른 때가 있다. 이러한 경우는 회사 발표의 예상 숫자 자체가 부정확한 것으로, 회사 자체 예측 기술이 미숙할 때일 것이나, 내부 사정에 의해 정책적으로 숫자를 발표하는 경우이다.

그 외에도 반대측에서 확인하는 데 한계가 있어, 만약 회사측에서 제공한 숫자가 조금 이상하다고 생각해도 담당하는 회사가 많은만큼 인쇄 마감 시간 등에 쫓겨 기업 측에서 제공한 숫자를 그대로 기재하는 경우이다.

따라서 이러한 것들을 감안, 업계 정보지나 주식 투자 관련 정보지 등에서 발표되는 회사 정보의 업적 예상 등 단순히 전부 믿을 수 없는 사정이 여기에 있었다.

미국 등에서는 기업 자체가 업적 예상 등을 내지 않는 것도 있으나, 증권 분석가들이 정확도를 경쟁하여 상세한 예측을 낸다. 또 그들의 평가와 보수도 업적 예측의 실적에 의해 결정되기도 한다.

우리 나라에서는 앞에서 소개된 상황을 감안할 때 업계 정보지는 어디까지나 '참고 자료'로써 활용하는 것이 무난하다. 왜냐 하면 인쇄 마감 시간 등에 쫓겨 기업 측에서 제공한 숫자를 그대로 기재하는 경우이가 있기 때문이다.

따라서 이러한 것들을 감안, 업계 정보지나 주식 투자 관련 정보지 등에서 발표되는 회사 정보의 업적 예상 등 단순히 전부 믿을 수 없는 사정이 여기에 있었다.

주식 정보 창출 방법

지금까지 주식 정보의 긍정적인 면과 부정적인 면을 통해서 주식 정보를 파악하는 데 주력했다. 이제 주식의 왕초보가 전문가를 따라가지 위해 어느 정도 지식을 갖추었다. 마지막으로 '정보'를 가치 있는 정보로 창출시키는 데 필요하다고 생각되어지는 2가지 조건을 소개하겠다.

첫째, 정보 자체의 내용이 객관적인 시각에서 정보가 가치 있는 내용을 가지고 있지 않으면 그 정보를 섭취한다 해도 시간과 비용만 날리게 된다.

둘째, 정보를 받는 측에서의 문제이다. 아무리 객관적으로 가치 있는 정보라고 하더라도 그것이 원하는 정보로써 일치하지 않으면 아무런 가치가 없게 된다. 이 역시 시간과 비용만 없애게 된다.

위에서와 같은 2가지 관점에서 생각을 해 보면 정보는 원하는 쪽과의 확실한 필요와, 문제 의식에 합치할 때 비로소 가치가 주어진다. 주가 정보는 이 책에서 조금은 살필 수 있었듯이 실로 다양하고도 여러 정보가 있다.

그러므로 정보를 가치 있는 정보로 살리기 위해서는 우선 필요한 정보가 무엇인지, 문제 의식이 무엇인지를 확실히 해야 한다. 즉, 기업 업적인지, 주가 추이인지, 외국인 투자 동향인지, 또 신제품·신기술 개발 상황 뉴스인지 등을 확실히 해 두어야 한다.

이렇게 해 두지 않고 눈에 띄는 정보, 들려오는 정보만으로 자신이 흔들리다 보면 투자 태도나 투자 판단까지도 어둡게 되어 운용 성과가 나쁘게 나오는 것은 당연하게 된다.

따라서 정보를 산 정보로 만드는 것이나, 그 반대로 하는 것도 자기 자신에게 달려 있다는 점에서 종목 선택이나 매도·매수 판단 등을 투자가 자신의 척도와 문제 의식과 함께 주체성을 유지하여(그 방법을 이미 이 책에 설명 되어 있다) 이 책자가 주식 투자에서 승자는 100사람 중 5사람이라는, 그 5사람 안에 들 수 있는 투자가들에게 필요한 책자가 되기를 바란다.

제 **2** 부
코스닥 시장은 무엇인가?

코스닥 시장이란 무엇인가?

알기 쉬운 코스닥 상식

코스닥 시장은 유망 벤처 기업 및 중소 기업의 자금 조달을 직접 하기 위해 새롭게 탄생한 유가 증권 시장으로서 규모는 작지만 성장 잠재력이 우수한 기업들이 모여 있는 시장을 의미한다.

맨 처음 미국의 나스닥 시장을 벤치 마킹하여 설립되어 세계로 뻗어나간 지식 기반 중소 벤처·기업을 위한 증권 시장인데, NAS-DAQ(미국)·JASDAQ(일본)·EASDAQ(유럽) 등이 있으며, 코스닥 시장은 바로 이 미국의 나스닥 시장을 모델로 하여 개설하고 있다.

코스닥 시장의 기능은 유망 벤처 중소 기업 등의 발행 주식에 대하여 주식의 환금성을 부여하는 한편, 공모를 통하여 직접 금융을 조달할 수 있도록 지원하고 있으며, 투자자에게 기존의 상장 주식 외에 비상장 유망 기업의 주식을 거래할 수 있는 새로운 투자 수단을 제공하고 있다.

　벤처 캐피털에게는 벤처 기업에 투자한 자금을 회수함과 아울러, 새로운 유망 기업을 발굴하여 지원할 자금 조성 수단까지 제공하고 있다.

등록 법인 현황

(단위 : 사, 백만원)

구　　　　분		96	97	98	99. 5월 말
등록 법인 (벤처)	연·월말	331(53)	359(89)	331(114)	339(113)
	신규등록	31(14)	83(42)	8(4)	21(1)
	등록취소	39(9)	55(8)	36(2)	13(4)
자　본　금		3,101,801	3,494,747	5,407,811	7,084,766
시 가 총 액		7,606,110	7,068,549	7,892,244	20,663,149

업종별 시장 규모

구분	회사수	종목수	등록주식수(천주)	자본금(백만원)	시가총액(백만원)
종합	339	348	1,583,913	7,084,766	20,663,149
벤처	113	116	278,035	526,116	4,371,983
일반	210	216	1,185,617	5,950,047	15,577,400
투자	16	16	120,261	608,603	713,766

　※ 1999. 5월 말 현재

등록 법인 자금 조달 실적

(단위 : 백만원)

구분	96	97	98	99. 5월말
유상증자	123,719	86,755	1,873,163	1,161,622
공모	27,062	129,379	6,347	110,262
회사채	1,454,570	990,450	1,723,850	1,050,233
합계	1,605,351	1,206,584	3,603,365	2,322,117

지수 및 거래량 추이

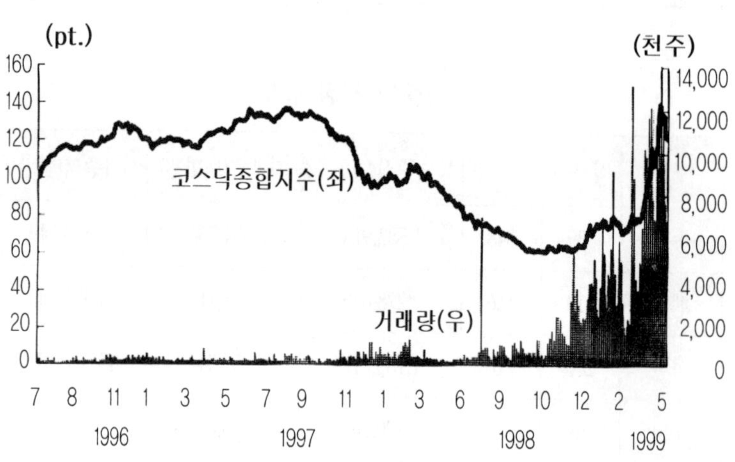

일평균 거래량 및 거래 대금 추이

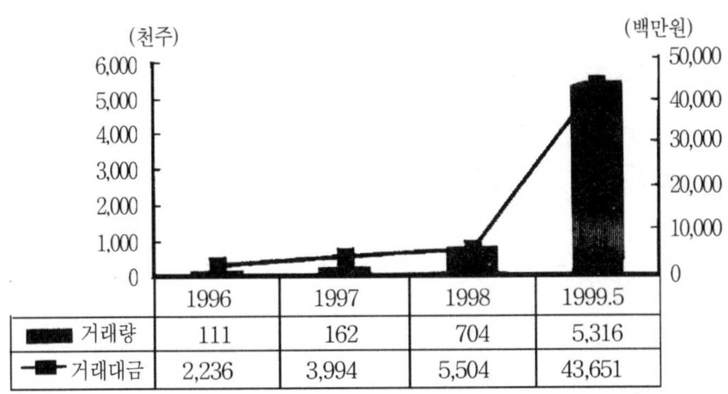

	1996	1997	1998	1999.5
거래량	111	162	704	5,316
거래대금	2,236	3,994	5,504	43,651

주매매 거래 시간 및 체결 원칙

매매 거래 시간

• 평일 09:00~15:00(토요일은 휴장)

(※동시 호가 접수 시간 : 08:00~09:00)

전장·후장 구분 없이 단일장으로 운영

체결 원칙

• 동시 호가 매매(개장시 시초가 결정에만 적용)

— 수량 배분 우선 순위

: 가격·위탁·수량·시간 우선 원칙에 의하여 매매 계
약 체결의 중개

— 정률 배분 방식

: 매매 수량 단위의 10배(10주), 잔량의 1/10, 1/5, 1/3, 1/2, 잔

량순으로 배정(배분시 매매 수량 단위 미만 4사5입)

• 접속 매매(동시 호가 체결 이후 장 종료시까지)

— 가격 우선 시간 우선 원칙에 의하여 매매 계약 체결의

중개

호가의 단위

수량 단위는 1주이며, 가격 단위는 주권의 가격대별로 5단계

주권 가격	호가 가격 단위
10,000원 미만	10원
10,000원 이상 ~ 50,000원 미만	50원
50,000원 이상 ~ 100,000원 미만	100원
100,000원 이상 ~ 500,000원 미만	500원
500,000원 이상	1,000원

매매 방법

매매 방법

• 계좌의 개설 :

코스닥 시장에서 거래를 하고자 하는 고객은 증권 회사에

계좌를 개설하고 통장 또는 증권 카드를 교부받아야 함. 다만,

기존에 고객이 위탁 계좌·증권 저축 계좌를 개설한 경우에는
이들 계좌를 이용하여 거래 가능

• 주문 가격 결정 :

고객은 증권 회사에 전화로 문의하거나 또는 증권 회사의
단말기를 통해 종목별 매매 기준 가격·시세 정보 및 호가 정
보 등을 참착하여 매도 또는 매수 주문 가격을 결정(지정가 주
문 방식)

• 매매 주문 :

고객은 매매하고자 하는 종목·수량·가격 등을 주문표에 기재
하여 증권 회사에 제출. 전화 주문 및 홈 트레이딩(사이버 거래)
도 가능

코스닥 시장 정보 이용 방법

- ARS 시세 정보 서비스 : 700 - 3050(무료)
- 인터넷 : www.kosdaq.or.kr
- 상담 전화 운영
  - 등록 : 3775 - 0443, 784 - 5862
  - 공시 : 3775 - 0443, 784 - 5865
  - 매매 : 3775 - 0445, 785 - 4246
- PC통신
  - 하이텔 : GO KSDAPLAZA
  - 천리안 : GO KSDA
  - 나우누리 : GO KSDA
- 투자 정보 자료실 : 서울시 영등포구 여의도동 34번지 증권업
  협회빌딩 1층
  (운영 시간 09 : 00~17 : 00) TEL : (02)767 - 2724
  - 사업 보고서, 등록법인 관계 서류, 증권 회사 주보 월보,
    증권 관련 서적, 코스닥 시장지
- 시세 조회 단말기 : 가까운 증권 회사 영업점 이용
- 코스닥 시장지 : (주)코스닥증권시장 증권업협회 발간 일간지
  - 종가 시세 · 지수 및 등락 · 거래 실적 및 공지 사항

가격 제한폭

가격 제한폭은 매매 기준 가격에 0.12를 곱하여 산출한 금액(호가 가격 단위 미만 금액은 절사)으로 함

매매 가격 기준은 (주)코스닥증권시장에서 매매 중개된 종가 적용(기세 포함)

위탁 증거금률

• 증권 회사 자율
  ― 개인 투자자의 경우 일반적으로 100% 징수
  ― 대용 증권 지정 종목의 경우 증거금으로 활용 가능

대용 증권의 개념

유가 증권의 활용도를 높이기 위하여 현금에 갈음하여 사용할 수 있도록 증권 거래소가 별도로 지정한 유가 증권(증권 투자시 위탁 증거금, 신용 거래 보증금 등으로 활용 가능)

지정 요건

기준일로부터 소급하여 30매매 거래일 간의 거래량이 등록 주식수의 0.1% 이상인 종목(투자 유의 종목은 제외)

※기준일 : 매월 첫째 월요일의 5매매 거래일 전일

　　　　　대용 가격의 산정(정기 결정시)

　　　　　기준 시세 ×사정 비율(60%)

※기준 시세 : 기준일로부터 소급하여 6 매매 거래일 간의 거래량 가중 평균 가격

대용 가격의 발표

매월 1회(정기 결정) : 코스닥 시장지

수도 결제

- 코스닥 시장 거래의 수도 결제는 매매 계약 체결일로부터 기산하여 3일째 되는 날(T+2일)에 증권 예탁원을 통하여 증권 회사 간 계좌 이체 방식을 통해 차감 결제됨, 고객이 결제 불이행시 증권 회사는 처분 당일 매매 기준가의 가격 제한폭 범위 내에서 반대 매매하여 부족분을 임의 충당하며, 토요일은 결제되지 않음. 즉, 목요일 거래한 주식은 월요일 결제가 이루어지며, 결제 전 매매 가능함. 즉, 매매 계약 체결 이후 결제 이전(당일, 매매익일)에도 매수한 경우 매도, 매도한 경우 매수가 가능
- 결제의 관리
  - 명의 개서·사고 증권, 매매의 착오 등으로 매도 증권의 납부가 불가능한 경우 매수 증권 회사 동의를 얻어 증권 예탁원이 발행한 결제 대용증으로 결제 가능

고객 예탁금 이용료

- 자율화
  - 코스닥 시장 거래를 위한 예탁금에 대한 이용료는 증권업협회의 "고객 예탁금 이용료 지급 기준"에 의거하여 예치 금융 기관이 증권 회사에 지급하는 이율 이내에서 증권 회사가 자율적으로 결정
  - 일반적으로 3~4%를 적용하여 지급

거래 비용

• 위탁 수수료

거래가 성립된 경우 투자자는 매도·매수시에 증권 회사에 증권 회사가 정한 위탁 수수료(일반적으로 0.4%이며, 사이버 거래시 대개 50% 경감)를 납부

• 증권 거래세

　매도시 양도가액의 0.3%(액면 이하의 경우 비과세)

코스닥시장과 거래소시장 비교

구분	코스닥 시장	거래소 시장
매매 시간	동시 호가 08 : 00~09 : 00 단일장　　09 : 00~15 : 00	동시호가 08 : 00 ~ 09 : 00 전　　장 09 : 00 ~ 12 : 00 후　　장 13 : 00 ~ 15 : 00 시 간 외 15 : 10 ~ 15 : 40
수량 단위	1주	10주
매매 방법	동시 호가 내내 및 집속 매매	동시 호가 매매 및 접속 매매
가격 제한폭	12%	15%
위탁 수수료	증권 회사 자율	증권 회사 자율
위탁 증거금	증권 회사 자율	증권 회사 자율
신용 거래	불허	가능
증권 거래 세등	농특세 없이 0.3%	농특세 0.15% 포함 0.3%

감리 종목 지정 제도

감리 종목 지정 제도의 의의

단기간에 주가가 급등한 종목을 감리 종목으로 지정하여 투자자의 주의를 환기시키고자 하는 제도로서 감리 종목에 대하여 가수요를 억제하기 위한 별도의 조치는 없음

구 분	코스닥 시장	거래소 시장
목 적	투자자의 주의 환기	투자자의 주의 환기, 가수요 억제
수 단	종목 지정 및 공시	·종목 지정 및 공시 ·신용 거래 금지

지정 요건

최근 6일간 주가 상승률이 65% 이상인 경우가 연속하여 3일간 계속되고, 제3일째 되는 날의 종가가 최근 30일 중 최고 주가인 종목. 다만, 등록 후 1개월 미만인 종목 및 투자 유의 종목 제외

지정 해제

감리 종목 지정일로부터 기산하여 2일이 경과하면 자동 해제

감리 지정 우려 종목 공표 제도

최고 6일간 주가 상승률이 65% 이상인 종목에 대하여 감리 지정 우려 종목으로 공표

코스닥 시장 활성화를 위한 법률 개정

증권 거래법 개정

증권 거래소 상장 법인에게만 적용되던 특례 제도를 코스닥 시장 등록 법인에게 확대 적용(시행일 : 1999. 4. 1)

구 분	내 용
자기주식 취득	코스닥 시장을 통하거나 공개 매수의 방법으로 자기 주식 취득 가능
일반공모 증자	증권 거래법에 정한 방법에 따른 일반 공모증자 가능
의결권 없는 주식의 발행 한도	외국에서 발행하는 의결권 없는 주식 및 외국에서 발행한 전환사채·신주인수권부사채 등의 권리 행사로 인하여 발행하는 의결권 없는 주식은 상법상 의결권 없는 주식의 발행 한도 계산시 불산입
주식 발행 한도	이익 배당 총액까지 주식으로 배당할 수 있음
신종 사채 발행	신종 사채(이익 참가부 사채 및 교환 사채)를 발행할 수 있음
사채 발행 한도	전환 사채 또는 신주 인수권부 사채 중 주식으로의 전환 또는 신주 인수권의 행사가 가능한 분에 해당하는 금액은 상법상 사채 발행 한도 계산시 불산입
보증금 등의 대신 납부	국가·지방 자치 단체 또는 정부 투자 기관에 납부할 입찰 보증금, 계약 보증금, 하자 보수 보증금 및 법적 공탁금은 코스닥 등록 주식으로 대신 납부할 수 있음

소득세법 시행령 개정

코스닥 등록 주식과 거래소 상장 주식간의 과세상 차별 폐지(시행일 : 1999. 1. 1)

개정 전	개정 후
중소 기업의 주식을 코스닥 시장에 등록하기 위하여 매출하거나 등록 후 코스닥 시장에서 양도하는 경우 양도 소득세 비과세	코스닥 시장에 등록하기 위하여 매출하거나 등록 후 코스닥 시장에서 양도하는 경우 양도 소득세 비과세(기업 규모 및 취득 시점과 무관)
중소 기업이 아닌 법인의 주식을 코스닥 시장에서 취득한 후 코스닥 시장에서 양도하는 경우 양도 소득세 비과세	
(신설)	발행 주식 총수의 5% 이상을 소유한 주주가 발행 주식 총수의 1%이상 양도하는 경우 양도 소득세 과세(거래소 상장 주식도 동일하게 신설, 적용)

등록 요건

코스닥 시장 등록 요건

등록 요건	일반 기업		벤처기업	증권투자회사
	선택 1	선택 2		
설립 후 경과 연수	3년 이상	–	–	–
납입 자본금	5억원 이상	–	–	8억원 이상
자기 자본	–	100억원 이상	–	–
자산 총계	–	500억원 이상	–	–

등록 요건	일반 기업		벤처기업	증권투자회사
	선택 1	선택 2		
주식의 분산(택1) — 공모 분산 — 기분산	발행 주식 총수의 20% 이상을 모집 또는 매출한 결과 소액 주주가 100인 이상 발행 주식 총수의 20% 이상 또는 50만 주 이상을 300인 이상의 소액 주주가 소유	좌동	좌동	모집 또는 매출, 단, 등록 예정일 전 1년 이내에 모집 또는 매출 외의 방법으로 발행한 주식은 1년간 예탁원에 보호 예수
자본 상태	자본 잠식 없을 것	좌동	—	—
경영 성과	경상 이익 시현	—	—	—
부채 비율	동업종 평균 부채 비율의 1.5배 미만	동업종 평균 부채 비율 미만	—	—
감사 의견	적정 또는 한정	좌동	좌동	—
주식의 양도 제한	정관 등에 양도 제한 없을 것	좌동	좌동	좌동
주식의 액면가액	100, 200, 500, 1000, 2500, 5000원	좌동	좌동	—
명의 개서 대행 위탁	계약 체결	좌동	좌동	—
통일 규격 유가 증권	사용할 것	좌동	좌동	좌동
합병 및 영업의 양도, 양수	합병 등의 기일이 속한 사업 연도의 결산 확정 (합병 등의 기일로부터 사업 연도 말까지의 기간이 3월 미만인 겨우 다음 사업 연도 결산 확정)	좌동	좌동	—

등록 요건	일반 기업		벤처기업	증권투자회사
	선택 1	선택 2		
소송 및 부도 발생	소송 등 분쟁 사건이 없고 부도 발생 사유의 등록 신청일 6월 전 해소	좌동	좌동	좌동
기타	공익과 투자자 보호상 부당한 사유가 없을 것	좌동	좌동	–

등록 요건 해설

구 분	해 설
벤처 기업	중소기업청으로부터 벤처 기업 확인을 받는 기업. 단, 벤처 캐피털 투자 기업의 겨우 벤처 캐피털의 소유 주식수가 공모 후 발행 주식 총수의 10% 이상일 것
일반 기업	벤처 기업 이외의 기업
건설업을 주된 사업으로 하는 법인	— 공모 분산법의 경우 : 건설업 요건을 추가로 적용 — 기분산 법인의 경우 : 일반 기업에 한하여 건설업 요건을 추가 적용 ※건설업 요건 : 설립 후 5년 이상 경과 납입 자본금 10억원 이상 상시 고용 종업원수 100인 이상
설립 후 경과 연수	등록 신청 기준
납입 자본금	등록 신청 기준
자기 자본	— 공모 분산 법인의 경우 : 최근 사업 연도 말 기준 — 기분산 법인의 경우 : 최근 사업 연도 말 자기 자본 ± 최근 사업 연도 말 경과 후 자본금 및 잉여금의 증감액
자산 총계	최근 사업 연도 말 기준
주식 분산 실적	— 공모 후 발행 주식 총수 기준 — 의결권 없는 주식은 제외 — 벤처 캐피털의 소유 주식은 공모 후 발행 주식 총수의 10%를 한도로 하여 모집 또는 매출 실적 및 소액 주주 소유 주식수에 합산. 단, 등록 신청일로부터 1년 이전에 출자한 것에 한함

구 분	해 설
소액 주주	— 발행 주식 총액의 1%에 해당하는 금액과 3억원 중 적은 금액 미만의 주식을 소유하는 주주. 단, 최대 주주 및 그 특수 관계인은 제외 — 법인세법 시행령 제17조 제 1항이 규정에 의한 기관 투자자 포함. 단, 투자를 목적으로 소유한 경우에 한함 — 우리 사주 조합원은 제외
자본 상태	최근 사업 연도 말 현재 기준
경영 성과	최근 사업 연도 실적 기준
부채 비율	최근 사업 연도 말 현재 부채 총계 ÷ 최근 사업 연도 말 현재 자본 총계(자본 총계에는 최근 사업 연도 말 이후의 유상 증자 금액 및 자산 재평가에 의하여 자본에 전입할 금액 등을 포함)
감사 의견	최근 사업 연도의 제무제표에 대한 외부 감사인의 감사 의견 기준

※벤처 캐피털 : 중소기업창업투자회사, 중소기업창업투자조합, 신기술사업금융업자, 신기술사업투자조합 및 한국벤처투자조합

코스닥 시장 등록 절차

구 분	주요 내용	일정(예시)
외감법에 의한 외부감사	최근 사업 연도 재무제표에 대한 감사	—
등록 종목 딜러 선정	등록을 주선할 증권 회사 선정	D - 45
금융감독위원회 등록	금융감독위원회에 등록하여야 코스닥 시장에 등록할 수 있음	D - 40
정관 정비	등록 요건에 부합하도록 정관 개정 (명의 개서 대리인 제도 도입, 주식의 양도 제한 삭제, 주식의 액면가액 조정 등)	D - 35
주식 인수 의뢰	주식 공모를 위한 사전 절차	D - 35
유가 증권 분석 조서 작성	자산 가치 및 수익 가치 산출	D - 5

구 분	주요 내용	일정(예시)
명의 개서 대행 계약 작성	등록 요건 충족을 위한 계약 체결	D-2
명의 개서 대행 계약 체결	발행가액 등 주식 공모에 관한 사항 약정	D-2
주식 총액 인수 및 모집·매출 계약 체결	유가증권신고서의 효력이 발생해야 공모 가능	D
등록 신청	청약 개시 예정일의 2주 전까지 신청	D+8
유가 증권 신고서 효력 발생	유가증권신고서 수리일부터 20일이 경과한 날	D+21
신문 공고	청약·배정 등 공모에 관한 사항 공고	D+21
청약	등록 종목 딜러의 본 지점 등에서 접수	D+22~23
배정	청약 결과에 따라 안분 배정	D+24~29
환불 및 추가 납입	배정 결과에 따라 환불 및 추가 납입 실시	D+30
주금 납입	신주 모집 금액의 주금납입	D+31
보완 서류 제출	주식 공모 결과 증빙 서류 등 제출	D+34
등록 심의 및 승인	코스닥 위원회의 등록 심의 및 승인 (매월 두 번째 수요일 개최)	D+44
등록 승인 통보	발행 회사 등에게 등록 승인 사실 통보	D+45
매매 개시	등록 승인일을 포함하여 3거래일 이내	D+46

주 : 유가 증권 신고서 제출의 경우

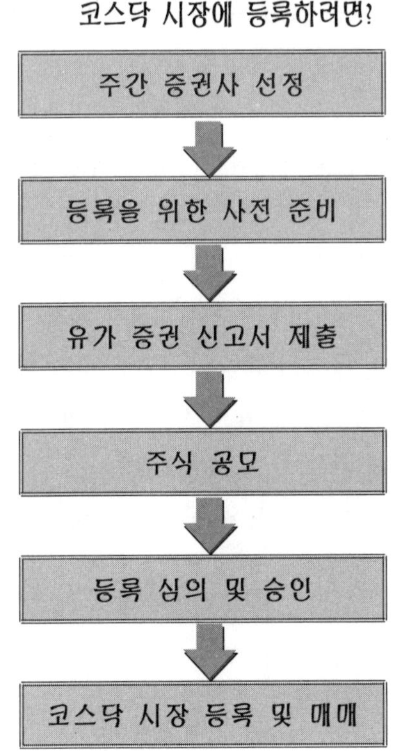

주식 분산과 공모 제도

코스닥 시장 등록을 위한 주식 분산

• 발행 주식 총수의 20% 이상을 공모(모집 또는 매출)한 결과 당해
  법인의 소액 주주가 100인 이상이어야 코스닥 시장 등록 가능함

- 단, 등록 신청일 현재 300인 이상의 소액 주주가 발행 주식 총 수의 20% 이상 또는 50만 주 이상(액면가액 5,000원 기준)을 소 유하고 있는 법인(기분산 법인)은 공모를 통한 주식 분산 생산 가능
- 따라서, 기분산 법인을 제외한 법인은 공모를 통하여 주식을 분 산하여야 하며, 이 경우 신주 모집 주식수는 공모 주식수의 50% 이상이어야 함
- 주식의 분산 실적 및 소액 주주의 계산시 벤처 캐피털이 소유한 주식은 발행 주식 총수의 10%를 한도로 하여 공모 실적 및 소 액 주주의 소유 주식수에 합산. 단, 등록 신청일로부터 1년 이 전에 출자한 것에 한함
- 이상에서 주식 분산 실적 등은 공모 후 발행 주식 총수 기준으 로 산출

공모의 개념

- 불특정 다수인을 대상으로 유가 증권을 모집·매출하는 행위
- 공모 금액이 10억원 이상인 경우 금융감독위원회에 유가 증권 신고서를 제출하여 동 신고서의 효력을 발생하여야 공모 가능

※모집 : 신규로 발행하는 유가 증권의 취득의 청약을 권유하는 행위

※매출 : 이미 발행된 유가 증권의 취득의 청약을 권유하는 행위

공모 가격의 결정

주간사 회사가 실시한 수요 예측의 결과를 감안하여 인수 회사와 발행 회사가 협의하여 결정

본질가치의 산출

• 본질 가치

발행 회사의 현재의 순자산액(자산 가치)과 장래의 이익 창출 능력(수익 가치)를 기준으로 평가한 기업 내재 가치

$$본질 가치 = \frac{자산\ 가치 \times 1 + 수익\ 가치 \times 1.5}{2.5}$$

• 자산 가치

  자산 가치 = 순자산 ÷ 공모 전 발행 주식 총수

• 수익 가치

  수익 가치 = 주당 추정 이익(공모 후 발행 주식 총수 기준) ÷ 기본 환원율

※주당 추정 이익 : (1차 연도 주당 추정 이익 × 3 + 2차 연도 주당 추정 이익 × 2) ÷ 5

※자본 환원율 : 1년 만기 정기 예금 최저 이율 평균치의 1.5배

등록을 위한 공모시 청약 및 배정

청약 자격	청약 한도	배정 비율
증권 저축 가입자(청약일 전일 현재 코스닥 등록 주식 10주 이상 보유자에 한함) 및 코스닥 등록 주식 투자 신탁 가입자	보유한 코스닥 등록 주식 평가액(청약일 초일의 전일 종가×보유 주식수)의 10배. 단, 2천만원과 공모 금액의 0.3% 중 적은 금액 이하일 것	50%
기관 투자자	등록 종목 딜러와 발행 회사가 협의하여 결정	30%
일반 투자자	상동	20%

주 : 증권 저축 가입자 등에 대한 배정은 '99. 8월까지 시행
'99. 9월부터 일반 투자자 70%, 기관 투자자 30% 배정

등록 종목 딜러

- 역할 : 유가 증권 분석(자산 가치 및 수익 가치 산출), 모집 또는 매출 업무의 대행, 각종 등록 관련 업무의 안내 또는 대행 등을 통하여 발행 회사의 등록을 주선
- 자격 : 유가 증권 인수 업무를 허가받은 증권 회사. 단, 발행 회사와 특수 관계에 있는 증권 회사는 등록 종목 딜러가 될 수 없음

등록 후 최초 매매 기준 가격

- 등록 신청일 전 6월 이내에 모집 또는 매출한 실적이 있는 경우 : 공모 가격
- ※2회 이상 모집 또는 매출한 경우는 최근일의 공모 가격 적용

• 기타의 경우 : 본질 가치

시장 조성 제도

• 코스닥 시장 등록을 위한 공모를 원활히 하고 투자자를 보호하기 위하여 등록 종목 딜러가 주식 매수를 통하여 가격을 유지해 주는 제도(의무 사항 아님)
• 증권 거래법상 불공정 거래(시세 고정 행위)의 예외로 인정

벤처 기업 기준 및 확인 절차

벤처 기업의 기준

구 분	기 준	비 교
공통 기준	중소 기업 기본법에 의한 중소 기업	
벤처 캐피틸 투자 기업	중소기업창업투자회사, 중소기업창업투자조합, 신기술사업금융업자, 신기술사업투자조합 및 한국 벤처투자조합의 주식인 수 합계가 자본금의 10% 이상이거나 투자 합계(주식, 전환 사채 및 신주 인수권 부 사채)가 자본금의 20% 이상인 기업	
연구 개발 투자 기업	연구 개발비가 총매출액의 5% 이상인 기업	직전 사업 연도 금액 기준
특허 기술 개발 기업	특허권 또는 실용신안권을 이용하여 생산한 제품의 매출액이 총매출액의 50% 이상이거나 동 제품의 수출액이 총매출액의 25% 이상인 기업 등	상동

구 분	기 준	비 교
신기술 개발사업	13개 기술 개발 사업에 의하여 생산한 제품의 매출액이 총매출액의 50% 이상이거나 동 제품의 수출액이 총매출액의 25% 이상인 기업 등	상동

※특허 기술 개발 기업 및 신기술 개발 기업의 산정 비율에 미달하는 기업은 벤처 기업 평가 기관의 평가를 받아 사업성이 우수한 경우 벤처 기업 확인 가능

벤처 기업 확인 절차

순서	내 용	주관처	대상처	비 고
1	벤처 기업 관련 증명서 발급 신청	대상 기업	증명서 발급 기관	
2	벤처 기업 관련 증명서 발급	증명서 발급 기관	대상기업	신청 후 3~15일 이내
3	벤처 기업 확인서 발급 신청	대상 기업	지방중소기업청	
4	벤처 기업 확인서 발급	지방중소기업청	대상 기업	신청 후 15일 이내

※ 사유별 증명서 발급 기관

— 벤처 캐피털 투자 기업 : 투자한 벤처 캐피털(투자 실적 증명)

— 연구 개발 투자 기업 : 공인 회계사·세무사·경영 지도사 또는 기술지도사(이하 "공인회계사 등") (총매출액 및 연구 개발 투자비 증명)

— 특허 기술 개발 기업 : 특허청(특허 기술 증명)

공인 회계사 등[총매출액 및 특허 기술 제품의 매출액(수출

액) 증명]
— 신기술 개발 기업 : 주관 중앙 행정 기관(신기술 사업 증명),
    공인 회계사 등[총매출액 및 특허기술 저품의 매출액(수출
    액) 증명]

벤처 기업의 주요 혜택

벤처 기업에 대한 혜택
- 코스닥 시장 등록 용이
  벤처 기업에 대해서는 자본금·자본 잠식·부채 비율 등 재무
  요건을 적용하지 아니하고, 매매 거래에 필요한 최소한의 요건
  (주식 분산, 명의 개서 대행 계약)만 적용
- 기술 신용 보증 기금의 우선적 신용 보증
  기술 신용 보증 기금의 벤처 기업에 대한 우선적 신용 보증
- 주식 매입 선택권에 대한 조세 특례
  종업원 등이 부여받은 주식 매입 선택권을 행사하여 얻은 이익
  은 근로 소득·사업 소득, 또는 기타 소득으로 보지 않음
- 기타 자금·신용 보증·기업 입지·기술 개발·고급 인력·판로
  등에 대한 지원

벤처 기업 투자자에 대한 혜택
- 중소기업창업투자회사 등에 대한 조세 특례

- 중소기업창업투자회사 또는 신기술사업금융업자가 벤처 기업에 출자한 주식 또는 지분을 양도함으로써 발생하는 양도 차익에 대해 법인세 비과세
- 중소기업창업투자회사 또는 신기술사업금융업자가 벤처 기업으로 받는 배당 소득에 대해 법인세 비과세

• 중소기업창업투자조합 등에 대한 조세 특례

중소기업창업투자조합 또는 신기술사업투자조합이 벤처 기업에 직접 출자함으로써 취득한 주식 또는 출자 지분의 양도에 의해 발생하는 양도 차익에 대해 소득세 비과세

• 개인 투자자에 대한 조세 특례

- 개인이 중소기업창업투자조합·신기술사업투자조합, 또는 벤처 기업에 직접 출자함으로써 취득한 주식 또는 출자 지분의 양도에 의해 발생하는 양도 차익에 대해 소득세 비과세
- 개인이 중소기업창업투자조합·신기술사업투자조합·벤처기업증권투자신탁의 수익 증권, 또는 벤처 기업에 직접 출자하는 경우 출자 또는 투자 금액의 20%를 종합 소득 금액에서 공제

벤처 기업 지원 체계

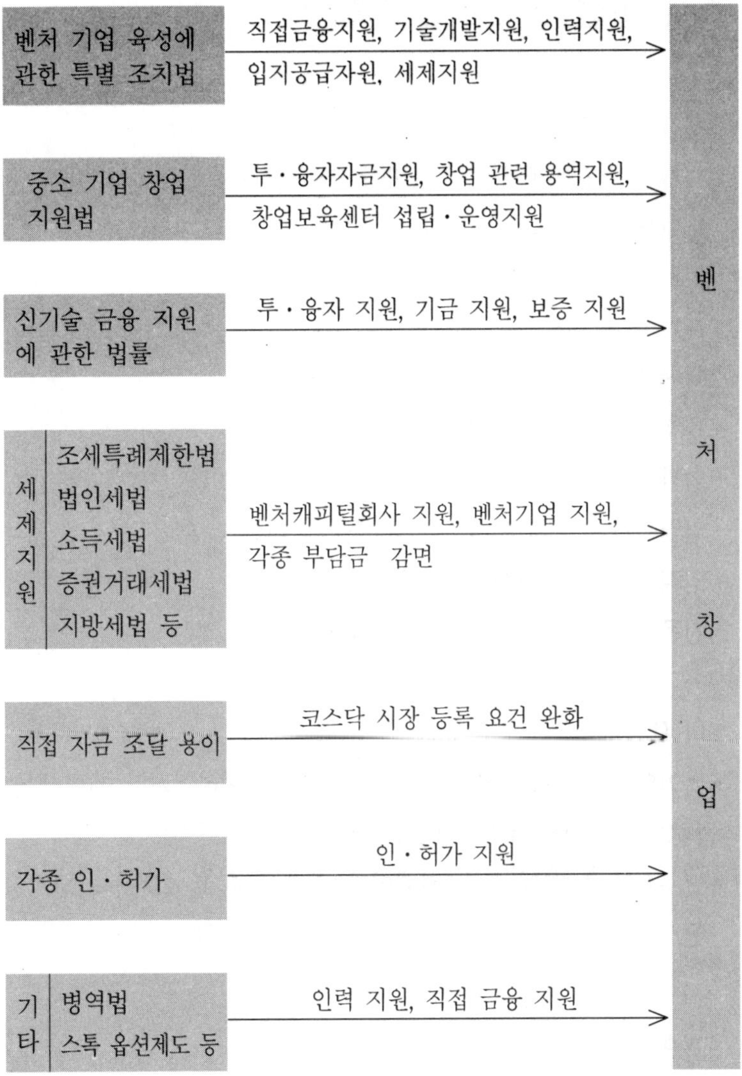
벤처 기업 육성에 관한 특별 조치법
직접금융지원, 기술개발지원, 인력지원, 입지공급자원, 세제지원
중소 기업 창업 지원법
투·융자자금지원, 창업 관련 용역지원, 창업보육센터 섭립·운영지원
신기술 금융 지원에 관한 법률
투·융자 지원, 기금 지원, 보증 지원
세제지원
조세특례제한법
법인세법
소득세법
증권거래세법
지방세법 등
벤처캐피털회사 지원, 벤처기업 지원, 각종 부담금 감면
직접 자금 조달 용이
코스닥 시장 등록 요건 완화
각종 인·허가
인·허가 지원
기타
병역법
스톡 옵션제도 등
인력 지원, 직접 금융 지원
벤처 창업

스톡 옵션(주식 매입 선택권)

스톡 옵션이란?

회사가 임직원에게 일정량의 자사 주식을 일정 기간 내에 미리 정한 가격(행사 가격)으로 매수할 수 있는 권리를 부여하는 일종의 인센티브 제도

스톡 옵션의 효과

- 최소 비용으로 능력 있는 인재 영입
- 임직원의 잠재 주주화를 통한 주식 인식 제고 및 책임 경영 실현
- 임직원과 주주의 이해 일치로 주주에 대한 더 높은 수익 보장
- 임직원의 자산 형성기회 제공
- 전문 경영인의 육성을 통한 기업 소유 구조 개선

부여 대상자

- 법인의 설립 및 경영·기술 혁신 등에 기여하였거나 기여할 능력을 갖춘 당해 부여 법인의 임직원
- 단, 주요 주주 및 특수 관계인과 최대 주주 및 그 특수 관계인은 제외

세제상 혜택

- 근로 소득세 비과세

종업원이 부여받은 스톡 옵션을 행사하여 얻는 이익(행사 가격과 시가와의 차액)은 근로 소득으로 보지 않음
- 법인세 비과세
  자사주 교부 방식의 경우 시가와 행사 가격(자기 주식 양도가액)의 차액에 대하여 법인세법 제 52조(부당 행위 계산 부인)를 적용하지 않음
- 다음의 경우 제세상 혜택 적용 배제
  — 임직원 모두를 부여 대상자로 하는 경우
  — 부여받은 후 발행 주식 총수의 10%를 초과하여 소유하는 자
  — 행사가액의 연간 합계가 5,000만원을 초과하는 자의 그 초과 부분

부여 방법
- 신주 발행식 : 행사 가격으로 신주를 발행하여 교부
- 주가 평가 보상 방식 : 행사 가격과 시가와의 차액을 현금 또는 자사주로 교부
- 자사주 교부 방식 : 자사주를 행사 가격으로 교부

부여 총한도
발행 주식 총수의 15%(코스닥 등록 법인)

행사 기간
주식 매입 선택 부여를 위한 주주 총회 특별 결의일로부터 3년이 경과한 정관이 정하는 주식 매입 선택권 행사일까지의 기간 중

행사 가능

행사 가격

- 자사주 교부 방식 : 부여일 기준으로 매매 기준 가격의 3월간 평균액 이상(대용 증권지정 대상 법인의 경우)
- 신주 발행·차액 보상 방식 : 자사주 교부 방식에 의거 산정한 가격과 액면가액 중 높은 금액

양도 제한

사망으로 인한 상속 이외에는 타인에게 양도 금지

부여 절차

절 차	주요 내용
정관의 정비	주식 매입 선택권 부여를 위해서는 '주식 매입 선택권을 부여받을 자의 자격 요건' 등 증권 거래법에서 정한 사항을 정관에 정하여야 함
정관 내용의 신고 및 공시	주식 매입 선택권에 관한 정관·내부 규정의 제정, 또는 변경시 금융감독위원회(코스닥 등록 법인의 경우 증권업협회 포함)에 신고·공시
금융감독위원회 등록	주식 매입 선택권을 부여하고자 하는 법인은 그 부여 전에 금융감독위원회에 등록하여야 함
주식 매입 선택권 부여(주주 총회 특별 결의 사항)	주식 매입 선택권을 부여하기 위해서는 '주식 매입 선택권을 부여받을 자의 성명' 등 증권 거래법에서 정한 사항에 대하여 주주 총회에서 특별 의결하여야 함

절 차	주요 내용
주주 총회 특별결의 내용의 신고·공시	주식 매입 선택권을 부여하기 위하여 주주 총회 특별 결의를 한 경우 금융감독위원회(코스닥 등록 법인의 경우 증권업협회 포함)에 신고·공시
주식 매입 선택권 부여 계약 체결	주식 매입 선택권 부여 법인은 이를 받을 임직원과 '주식 매입 선택권의 행사 가격' 등 증권 거래법에서 정한 사항을 포함하는 계약을 체결한 후 그 계약서 사본을 당해 임직원에게 교부하고 행사 기간 동안 보관하여야 함
행사 내용 등의 신고·공시	행사 가격의 조정, 당해 임직원의 주식 매입 선택권 행사 등의 경우 금융감독위원회(코스닥 등록 법인의 경우 증권업협회 포함)에 신고·공시

등록의 취소

등록 취소 사유

- 등록 신청서 및 첨부 서류의 내용 중 중요 사항의 허위 기재 또는 누락
- 최종 부도 또는 당좌 거래 정지
- 주된 영업의 정지 또는 양도
- 타법인에의 피흡수 합병
- 회사 정리 절차(화의 포함) 개시 신청 또는 법언의 개시 결정
- 고의·중과실 또는 상습적인 불성실 공시
- 투자 유의 종목으로 지정된 법인 중 다음 취소 요건에 해당하는 법인

지정 사유	취소 요건
거래 실적 부진	6개월 간 계속되거나 누계 월수가 12월을 초과
주식 분산 기준 미달	지정된 날이 속하는 사업 연도 말까지 미충족
기　타	1년 이내에 지정 사유 미해소

- 정관 등에 의한 주식 양도 제한
- 증권 거래소 상장
- 등록 법인의 등록 취소 신청
- 기타 증권업협회가 필요하다고 인정하는 경우

등록 취소 절차

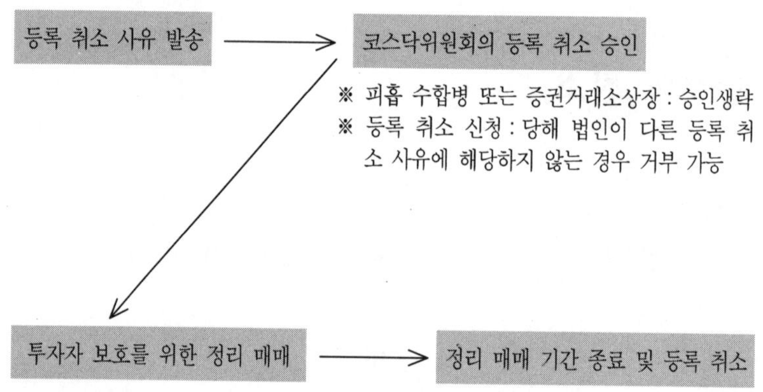

코스닥 시장 인터넷 홈페이지 안내
(www.kosdaq.or.kr)

개 요	보조 화면	세부 내용
회사 소개	• 연혁·주주 현황·기구표 및 소관 업무	(주)코스닥증권시장의 일반적 회사 소개
투자 안내	• 코스닥 시장의 특징 • 투자 절차 및 방법 • 상담 안내	코스닥 시장의 투자 절차 및 방법 안내
코스닥 시장 정보	• 공시 • 현재가, 2주가 추가, 당일지수 그래프, 지수 등락, 상한가, 하한가, 주가 상승률 상위, 주가 하락률 상위, PER 상위, 1분지수, 10분지수, 거래량 상위, 거래 대금 상위, 가격대별 거래 내역, 외국인 매매 동향, 주가 그래프, 지수 그래프	• 실시간 제공 중 • 개발 예정(6월)
코스닥 시장 상황	• 일일 동향 • 주간 동향	• 거래 당일의 사황 및 거래 내역 외국인 동향 등(1개월 보관) • 6주 보관
공지 사항	• 코스닥 시장의 일반적인 공지 사항	코스닥 시장 관련 제도 개선·행사 등 공지 사항
증권 회사	• 각 증권사 주소·전화 번호	각 증권사 인터넷 사이트와 연계하여 운영 중

개 요	보조 화면	세부 내용
코스닥 등록	• 등록 기업 소개 • 등록 요건 및 절차 • 공시 제도	• 각 등록 기업의 인터넷 사이트와 연계하여 운영 • 각 등록 기업의 기업 소개, 재무 현황 등재 • 코스닥 시장 등록 요건 등 설명
Q & A	• 코스닥 시장 관련 또는 등록 기업, 중소·벤처 기업 관련 질의 및 답변	
자료실	• 뉴스 자료실 • File 자료실	• 매일 조·석간 신문 내용 중 코스닥 시장 또는 등록 기업, 중소·벤처 기업 관련 내용 클리핑 • 코스닥 시장 관련 자료 등

※코스닥 시장 상담 전화 이용 안내

매매 : 대표 780 - 3400(129~131) 직통 3775 - 0445, 785 - 4246

등록 : 대표 780 - 3400(123~125) 직통 3775 - 0443, 784 - 8562

공시 : 대표 780 - 3400(126~128) 직통 3775 - 0443, 784 - 5865

■은 시행령입니다.

제 3 부
증권 거래법(발췌)

제1장 총칙

제2조의 2(유가 증권 지수의 유가 증권 의제 등)

①주권 기타 유가 증권에 관하여 그 종류에 따라 다수 종목의 가격 수준을 종합적으로 표시한 주가 지수 기타 유가 증권 지수로서 증권 거래소가 지정하는 것(이하 "유가 증권 지수"라 한다)은 유가 증권으로 본다.

②유가 증권 지수에 대하여 증권 거래소가 정하는 기준과 방법에 따라 당사자가 사전에 정한 유가 증권 지수의 수치와 장래의 일정한 시기에 현실로 나타나는 유가 증권 지수의 수치와의 차에 의하여 산출되는 금전의 수수를 약정하는 거래(이하 '유가 증권 지수의 선물 거래'라 한다)는 이를 유가 증권의 매매 거래로 본다.

③유가 증권 지수의 선물 거래에 대하여 이 법을 적용함에 있어서 유가 증권 지수의 수치는 이를 유가 증권의 가격으로 본다.

제5장 증권업

제40조(증권 거래 준비금의 적립)

①증권 회사는 대통령령이 정하는 바에 의하여 유가 증권의 거래량과 매매익에 비례한 증권 거래 준비금을 적립하여야 한다.

②제1항의 규정에 의한 준비금은 유가 증권의 매매, 기타 거래에 관하여 발생한 손실의 보전에 충당하는 이외에 사용하지 못한다. 다만, 위원회의 승인을 얻은 경우에는 예외로 한다.

제34조(증권거래준비금의 적립)

①증권 회사는 법 제40조 제1항의 규정에 의한 증권 거래 준비금으로 다음 각호에 정하는 금액 이상을 증권 매매 손실 준비금과 증권 거래 책임 준비금으로 구분하여 각각 누적 적립하여야 한다.

1. 증권 매매 손실 준비금 : 당해 영업 기간 중 당해 회사의 유가 증권 매매익이 유가 증권 매매손을 초과하는 경우에 그 초과하는 금액의 100분의 70(위원회의 승인을 얻은 경우는 100분의 50)에 상당하는 금액

2. 증권 거래 책임 준비금 : 당해 영업 기간 중 당해 회사가 거래한 총거래 대금의 1만분의 2 이내에서 유가 증권 및 거래의 종류별로 위원회가 정하는 비율에 상당하는 금액

②법 제40조 제2항에 규정하는 유가 증권의 매매 기타 거래에 관하여 발생한 손실은 당해 영업 기간 중 당해 회사의 유가 증권 매매손이 유가 증권 매매익을 초과하는 경우의 그 초과하는 금액(이하 '매매 손실'이라 한다)과 당해 영업 기간 중 법 제2조 제8항 제2호 내

지 제4호에 규정하는 거래 행위를 함에 있어서 당해 회사의 임원 또는 직원이 위법·위규 또는 임무 해태로 인하여 고객에게 손해를 끼쳐 당해 회사가 손해를 배상한 경우의 그 배상액(당해 임원 또는 직원에게 구상권을 행사하여 배상받은 금액을 제외한다. 이하 '사고 손실'이라 한다)으로 한다.

③증권 매매 손실 준비금은 매매 손실의 보전에, 증권 거래 책임 준비금은 사고 손실의 보전에 충당하는 경우 이외에는 사용하지 못한다. 다만, 위원회의 승인을 얻은 경우에는 그러하지 아니하다.

제46조(매매보고서 등의 교부)

증권 회사는 고객의 주문에 의한 매매 기타의 거래가 성립된 때에는 지체없이 위원회가 정하는 바에 의하여 당해 거래에 관한 보고서를 작성하여 그 고객에게 교부하여야 한다

제65조(투자 상담사의 등록)

①증권 회사는 그 임원(대표권이 있는 임원을 제외한다) 및 직원 중 회사를 위하여 유가 증권의 매매나 유가 증권 시장에서의 매매 거래의 위탁을 권유하는 행위를 하는 자와 고객을 위하여 투자에 관한 상담 등을 하는 자(이하 '투자 상담사'라 한다)를 대통령령이 정하는 바에 의하여 제162조의 규정에 의한 증권업협회(이하 '협회'라 한다)에 등록하여야 한다.

②증권 회사는 제1항의 규정에 의한 등록을 하지 아니한 자로 하여금 투자 상담사의 직무를 행하게 하지 못한다.

③투자 상담사는 대통령령이 정하는 자격을 가진 자이어야 한다.

제40조(투자 상담사의 등록)

증권 회사는 그 투자 상담사에 관하여 법 제65조 제1항의 규정에 의하여 다음 각호의 사항을 등록하여야 한다.

1. 성명 및 주민등록 번호

2. 소속 영업소명

3. 유가 증권에 관한 투자 상담사의 업무에 종사한 경험이 있는 자는 그 소속한 증권 회사의 명칭과 종사한 기간

제41조(투자 상담사의 자격)

법 제65조 제3항에 규정하는 투자 상담사의 자격은 다음 각호 1과 같다.

1. 법 제172조의 규정에 의한 증권연수원(이하 '증권연수원'이라 한다)에서 소정의 과정을 이수하고 시험에 합격한 자일 것. 다만, 합격 전 또는 후에 증권 회사에서 근무한 경력이 통산하여 1년 이상 되는 자이어야 한다.

2. 증권 관계 기관이 과장급 이상의 직에 5년 이상 근무한 경력이 있는 자일 것

3. 법 제2조의 2의 규정에 의한 유가 증권 지수(이하 '유가 증권 지수'라 한다)의 선물 거래에 관한 투자 상담사는 제1호 또는 제2호에 규정된 자로서 증권연수원에서 소정의 과정을 이수하고 시험에 합격한 자일 것

제66조(투자 상담 등록의 거부)

협회는 투자 상담사가 되고자 하는 자가 다음 각호의 1에 해당하

는 경우에는 그 등록을 거부한다.

1. 제33조 제2항 각호의 1에 해당하는 자

2. 제69조의 규정에 의하여 투자 상담사의 등록을 취소당한 자로서 취소 후 2년을 경과하지 아니한 자

3. 다른 증권 회사의 투자 상담사로 이미 등록되어 있는 자

4. 허위 기타 부정한 방법으로 증권을 신청한 자

5. 제65조 제3항의 규정에 의한 자격을 구비하지 아니한 자

제68조(투자 상담사에 관한 보고)

증권 회사는 투자 상담사가 다음 각호의 1에 해당하는 경우에는 지체없이 그 사유를 협회에 보고하여야 한다.

1. 투자 상담사의 등록 사항이 변경된 때

2. 제33조 제2항 각호의 1에 해당하게 된 때

3. 퇴직 기타 사유로 인하여 투자 상담사의 직무를 행하지 아니하게 된 때

제69조(투자 상담사에 대한 처분)

①감독원은 투자 상담사가 법령에 위반하였거나 그 직무에 관하여 현저하게 부당한 행위를 하였다고 인정되는 때에는 그 등록을 취소하거나 6월 이내의 기간을 정하여 직무의 정지를 명할 수 있다.

②협회는 다음 가호의 1에 해당하는 경우에는 투자 상담사의 등록을 말소한다.

1. 투자 상담사가 제66조 각호의 1에 해당하거나 등록 당시 이에 해당하였던 사실이 발견된 때

2. 제1항의 규정에 의하여 투자 상담사의 등록을 취소한 때

3. 소속 증권회사가 해산하거나 영업을 폐지한 때

4. 퇴직 기타 사유로 인하여 투자 상담사의 직무를 행하지 아니하게 된 사실이 확인된 때

제6장 한국증권거래소

제73조(업무)

①증권거래소는 그 목적을 달성하기 위하여 다음 각호의 업무를 행한다.

1. 유가 증권 시장(선물 거래 시장을 포함한다)의 개설 업무

2. 유가 증권의 경매 업무

3. 유가 증권 시장의 개설에 수반되는 부대 업무

4. 제1호 내지 제3호 이외에 내무부 장관의 인가를 받은 업무

②증권거래소는 영리를 목적으로 하는 업무를 영위하지 못한다.

제88조(유가 증권의 상장)

①증권거래소가 유가 증권을 상장하고자 할 때에는 위원회의 승인을 얻어야 한다. 다만, 대통령령이 정하는 유가 증권에 있어서는 그러하지 아니하다.

②증권거래소는 유가 증권 시장에 상장되어 있는 유가 증권(이하 '상장 유가 증권'이라 한다)의 관리를 위하여 유가 증권 상장 규정(이하 '상장 규정'이라 한다)을 정하여야 한다.

③제2항의 상장 규정에는 다음 각호의 사항을 정하여야 한다.

1. 유가 증권의 상장과 상장 폐지에 관한 사항

2. 유가 증권의 매매 거래 정지와 그 해제에 관한 사항

3. 제1호 및 제2호 이외에 상장 유가 증권의 관리에 관하여 필요한 사항

제46조(상장 승인의 신청)

③증권거래소는 유가 증권 지수의 상장 승인을 얻고자 할 때에는 제1항 및 제2항의 규정에 불구하고 위원회가 정하는 신청서와 관계 서류를 위원회에 제출하여야 한다.

제95조(위약 손해 배상 공동 기금)

①회원 유가 증권 시장에서의 매매 거래의 위약금으로 인하여 발생하는 손해를 배상하기 위하여 증권거래소에 위약 손해 배상 공동 기금(이하 '배상 기금'이라 한다)을 적립하여야 한다.

②회원은 제1항의 배상 기금의 범위 안에서 회원의 유가 증권 시장에서의 매매 거래의 위약으로 인하여 발생하는 손해 배상에 관하여 연대 책임을 진다.

③제1항의 배상 기금의 적립률·적립 한도·사용·관리·환부 기타 그 운용에 관하여 필요한 사항은 대통령령으로 정한다.

제48조(위약 손해 배상 공동 기금의 적립)

회원은 법 제95조의 규정에 의한 위약 손해 배상 공동 기금(이하 '배상 기금'이라 한다)으로서 유가 증권 시장에서의 매매 거래마다 그

거래 대금의 10만분의 1(10만분의 1이내에서 증권거래소가 유가 증권 및 거래의 종류별로 적립 비율을 달리 정한 경우에는 그 비율)에 해당하는 금액을 적립하여야 한다.

제49조(배상 기금의 적립 한도)

①배상 기금의 적립 한도는 역년 기준에 의한 전년도의 유가 증권 시장에서의 회원별 유가 증권 거래 실적의 300분의 2에 해당하는 금액과 전년도까지 적립된 총배상 기금을 회원수로 나눈 금액 중 많은 금액으로 한다. 다만, 증권거래소가 유가 증권 및 거래의 종류별로 본문에 규정된 금액 이내에서 배상 기금의 적립 한도를 달리 정한 경우에는 그 금액으로 한다.

②회원별 배상 기금의 적립 금액이 제1항의 한도에 달하게 된 때에는 배상 기금을 적립하지 아니한다. 다만, 배상 기금의 사용으로 인하여 그 한도에 미달하게 된 때에는 다시 적립한다.

제50조(배상 기금의 관리)

①증권거래소는 배상 기금을 적립한 회원별로 구분할 수도 있도록 관리하되, 다른 재산과 구분하여 계리하여야 한다.

②배상 기금은 은행 또는 신탁회사에 예탁하거나 증권금융회사에 대여하거나 증권금융회사가 발행한 사채 또는 원리금의 지급이 보증된 사채를 매입하는 방법으로 운용한다.

제96조(증거금과 신원 보증금의 채무 변제에의 충당)

회원이 증권거래소 또는 다른 회원에 대하여 유가 증권 시장에서의 매매 거래에 관한 채무를 이행하지 아니한 때에는 증권거래소는 당해 회원의 증거금과 신원 보증금으로써 그 채무의 변제에 충당할 수 있다.

제54조(변제 충당의 방법)
증권거래소는 법 제96조의 규정에 의하여 증거금과 신원 보증금으로 채무의 변제에 충당하는 경우에 증권으로 납부된 것이 있는 때에는 당해 증권을 처분하여 그 매각 대금으로 충당하여야 한다.

제97조(증권거래소의 손해 배상 책임)
①증권거래소는 회원의 매매 거래의 위약으로 인하여 발생하는 손해에 관하여 배상의 책임을 진다.

②증권거래소가 제1항의 규정에 의하여 손해를 배상하는 때에는 제95조의 규정에 의하여 적립된 배상 기금에서 우선 충당한다.

③증권거래소는 제1항 및 제2항의 규정에 의하여 손해를 배상한 때에는 위약한 회원에 대하여 그 배상한 금액과 이에 소요된 비용에 관하여 구상권을 가진다.

④증권거래소는 제3항의 규정에 의하여 추심된 금액에서 증권거래소가 배상한 금액과 이에 소요된 비용에 우선 충당하고 잔액은 배상 기금에 보전한다.

⑤제3항의 구상권의 행사에 관하여 필요한 사항은 대통령령으로 정한다.

제51조(배상 기금의 사용)

①증권거래소는 법 제97조의 규정에 의하여 배상 기금을 손해 배상에 충당하는 때에는 위약한 회원이 적립한 배상 기금을 우선하여 사용하여야 하며, 부족분에 대하여는 다른 회원이 적립한 배상 기금을 그 적립 금액에 비례하여 사용한다.

②증권거래소는 제1항의 규정에 의하여 사용한 배상 기금을 법 제97조 제3항의 규정에 의하여 구상한 때에는 다른 회원이 적립한 배상 기금의 사용분을 그 사용 비례에 따라 우선하여 보전하여야 한다.

제52조(배상 기금의 환급)

증권거래소는 배상 기금을 적립한 회원이 탈퇴한 때에는 당해 회원이 적립한 배상 기금에서 제51조의 규정에 의하여 사용한 금액을 공제한 잔액을 당해 회원에게 환급하여야 한다.

제53조(배상 기금의 과실)

①제50조 제2항의 규정에 의하여 배상 기금을 운용함으로써 발생한 과실은 발생한 때마다 배상 기금의 원본에 산입한다.

②제1항의 과실은 증권거래소의 사업 연도마다 제50조 제1항의 규정에 의하여 구분된 회원별 배상 기금에 그 적립 비율에 따라 안분하여 가산한다.

제55조(손해 배상 보고)

증권거래소는 법 제97조의 규정에 의하여 손해를 배상하는 때에는 그 사실을 재무부 장관에게 보고하여야 한다.

제56조(구상권의 행사)

증권거래소는 법 제97조 제3항의 규정에 의하여 위약한 회원에 대하여 구상권을 행사하는 때에는 배상 기금을 조속히 보전할 수 있는 방법에 의하여야 한다.

제10장 보 칙

제203조(외국인의 유가 증권 취득의 제한)

①외국인 또는 외국 법인에 의한 유가 증권 취득에 관하여는 대통령령이 정하는 바에 의하여 제한을 할 수 있다.

②외국인 또는 외국 법인에 의한 공공적 법인의 주식 취득에 관하여는 제1항의 규정에 의한 제한에 추가하여 당해 공공적 법인의 정관이 정하는 바에 따라 따로 이를 제한할 수 있다.

③제1항 또는 제2항의 규정에 위반하여 주식을 취득한 자는 당해 주식에 대한 의결권을 행사할 수 없으며, 위원회는 제1항 또는 제2항의 규정에 위반하여 주식을 취득한 자에 대하여 그 시정을 명할 수 있다.

제87조의 2(외국인의 유가 증권 취득의 제한)

①법 제203조 제4항의 규정에 의한 외국인 또는 외국 법인(이하 이 조에서 '외국인'이라 한다)은 다음 각호의 1에 해당하는 자로 한다.

1. 외국의 국적을 보유하고 있는 개인

2. 외국의 법률에 의하여 설립된 법인

3. 위원회가 정하는 국제 기구 및 단체

4. 기타 제1호 내기 제3호에 유사한 자로서 위원회가 정하는 자

5. 대한민국의 법률에 의하여 설립된 법인으로서 제1호 내지 제4호의 1에 해당하는 자가 과반수 이상을 출자하거나 사실상 지배하고 있는 법인

제 4 부
증권 회사의 주가 지수 선물 거래 업무에 관한 규정

제1장 총칙

제1조(목적)

이 규정은 증권 거래법(이하 '법'이라 한다) 제46조, 제54조, 제107조, 법 시행령 제37조 및 법 시행 규칙 제20조의 2 제4항의 규정에 의거, 증권 회사가 주가 지수의 선물 거래와 관련하여 법 제2조 제8항 제1호 내지 제4호의 업무를 수행함에 있어 투자자 보호와 공정한 업무 처리 등에 필요한 사항을 정함을 목적으로 한다.

제2조(용어의 정의)

①이 규정에서 '선물 거래 예수금', '정산 차금' 및 '미수금' 등 증권 회사의 회계에 관련된 용어는 '증권 회사 회계 처리 규정'에서 정하는 바에 의한다.

②이 규정에서 '선물 거래'라 함은 한국증권거래소(이하 '거래소'라

한다)가 정하는 기준과 방법에 따라 당사자가 사전에 정한 주가지수의 수치(이하 '약정 가격'이라 한다)와 장래의 일정한 시기에 현실로 나타나는 주가 지수의 수치(이하 '최종 결제 가격'이라 한다)와의 차에 의하여 산출되는 금전의 수수를 약정하는 거래를 말한다.

③이 규정에서 '매수'라 함은 최종 결제 가격이 약정 가격보다 높은 경우 금전을 수령하고, 낮은 경우 금전을 지급하는 당사자가 되는 거래를 말하며, '매도'라 함은 최종 결제 가격이 약정 가격보다 낮은 경우 금전을 수령하고, 높은 경우 금전을 지급하는 당사자가 되는 거래를 말한다.

④이 규정에서 '종목'이라 함은 선물 거래의 대상이 되는 주가 지수의 각 결제 월물을 말한다.

⑤이 규정에서 '미결제 약정'이라 함은 선물 거래가 체결된 후 그 결재가 완료되지 아니한 약정을 말한다.

⑥이 규정에서 '반대 매매'라 함은 선물 거래와 관련하여 미결제 약정 중 매도 미결제 약정에 대하여는 매수(이하 '환매'라 한다), 매수 미결제 약정에 대하여는 매도(이하 '전매'라 한다)의 방법으로 미결제 약정을 소멸시키는 것을 말한다.

제2장 선물 거래의 위험 공시 및 투자 권유 등

제3조(신의 성실 의무)

증권 회사는 고객으로부터 위탁받은 선물 거래 업무를 취급함에 있어서 고객의 이익을 위하여 신의 성실의 원칙에 따라 공정하게 수행하여야 한다.

제4조(위험 공시 의무)

①증권 회사는 고객의 선물 거래 계좌 개설 신청에 응하기 전에 다음 각호의 사항이 포함된 선물 거래의 위험 등에 관한 설명서(이하 '선물 거래 설명서'라 한다)를 교부하고 이를 충분히 설명한 후 이에 대한 고객이 확인을 받아야 한다. 다만, 당해 고객이 한국증권업협회(이하 '협회'라 한다)에 소속된 증권 회사 또는 외국 증권 회사인 경우에는 그러하지 아니하다.

 1. 선물 거래 제도의 개요
 2. 선물 거래의 위험성 및 주식 거래와의 차이점 등 선물 거래의 특성에 관한 설명
 3. 선물 거래 대상 주가 지수에 관한 설명
 4. 선물 거래의 내역 및 잔고 확인에 관한 사항
②제1항의 규정에 의한 선물 거래 설명서의 구체적인 내용은 협회가 정한다.

제5조(거래 개시 기준의 설정 등)

①증권 회사는 고객의 선물 거래 계좌의 개설시에 투자 목적·투자 경험 및 자금력 등(이하 '투자 목적 등'이라 한다)을 서면으로 확인받아 이를 기록·유지하여야 한다. 다만, 당해 고객이 증권 거래법 시행령 제86조의 7 제1항 제1호의 규정에 의한 기관 투자자인 경우에는 그러하지 아니하다.

②증권 회사는 선물 거래와 관련하여 필요한 경우 고객에 대한 거

래 개시 기준을 정하고, 그 기준에 적합한 고개에 한하여 선물 거래를 수탁할 수 있으며, 투자 권유를 하는 경우에는 고객의 투자 목적 등을 신중히 고려하여 이에 적합한 권유를 하여야 한다.

③협회는 제1항 및 제2항의 규정과 관련하여 고객의 투자 목적 등에 관하여 증권 회사가 기록하여야 할 내용과 이를 확인하는 방법을 정할 수 있다. 다만, 거래소가 '주가 지수 선물 거래 수탁 계약 준칙'(이하 '수탁 계약 준칙'이라 한다)으로 정하고 있는 사항에 대하여는 그러하지 아니하다.

제6조(부당 권유 행위의 금지 등)

①증권 회사는 고객에 대한 투자 권유와 관련하여 다음 각호의 1에 해당하는 행위를 할 수 없으며, 종사자에 의하여 이의 위반 행위가 발생하지 아니하도록 적절한 예방 조치를 취하여야 한다.

1. 고객의 의사 결정에 중대한 영향을 미칠 수 있는 사실을 합리적인 근거 없이 주장하거나 과장하는 행위

2. 고객에게 시장에 공시되지 아니한 내부 정보를 제공하여 선물 거래를 권유하는 행위

3. 선물 거래에 관한 충분한 지식이나 경험이 부족한 종사자가 고객에 대하여 특정 종목의 매매 거래를 권유하는 행위

4. 선물 자기 매매 업무를 처리하는 종사자가 고객에 대하여 특정 종목의 매매 거래를 권유하는 행위

5. 고객이 예탁한 재산을 임의로 매매하는 행위

②증권 회사는 특정 종목의 투자 권유와 관련하여 다음 각호의 1에 해당하는 경우에는 사전에 그 사실을 고객이 알도록 하여야 한

다.

1. 회사 또는 영업 점포의 영업 방침으로 당해 종목의 매매를 권유하는 경우

2. 고객으로부터 위탁받은 선물 거래의 실질적인 매매 상대방이 될 목적으로 자기 계산에 의한 매매 주문을 내는 경우

3. 기타 당해 종목의 시세 및 매매 거래와 관련하여 특수한 이해 관계를 가지는 경우

③협회는 제1항 및 제2항의 규정에 의한 금지 또는 의무 행위와 관련하여 증권 회사가 준수하여야 할 세부 사항을 규칙으로 정할 수 있다.

제3장 선물 거래 주문의 처리 등

제7조(매매 주문의 공정 처리)

①증권 회사는 고객으로부터 선물 거래의 위탁(이하 '주문'이라 한다)을 받은 경우에는 결정하고 신속·정확하게 처리하여야 하며, 이를 전산 처리하는 경우에는 전산 프로그램에 의한 처리 과정이 합리적이고 객관적인 기준에 의하여 이루어지도록 하여야 한다.

②증권 회사는 전산·통신 설비의 장애로 말미암아 고객이 매매 주문이 처리되지 않는 사태가 발생되지 않도록 이에 대한 합리적인 대책을 수립하여야 한다.

제8조(매매 주문의 접수 등)

증권 회사는 다음 각호의 1에 해당하는 경우를 제외하고는 계좌 명의인 이외의 자로부터 주문을 받을 수 없다.

1. 계좌 개설시 고객이 주문을 대리할 수 있는 자를 지정하고 동 대리인이 주문을 내는 경우

2. 위임장 등으로 주문의 정당한 권한이 있음을 입증하는 자가 주문을 내는 경우

3. 일임 계약에 의하여 일임 관리자가 주문을 내는 경우

제9조(비회원사의 주문 처리의 특례)

①거래소의 회원이 아닌 증권회사(이하 '비회원사'라 한다)가 고객으로부터 선물 거래를 위탁받은 경우에는 수탁 계약 준칙을 적용한다.

②고객은 비회원사를 통하여 주문을 낼 경우 그 주문을 처리할 거래소의 회원인 증권 회사(이하 '회원사'라 한다)를 지정할 수 있다.

③비회원사가 고객의 주문을 처리하는 경우에는 회원사에 개설된 회사 자신의 계좌와는 다른 별도의 계좌(이하 '고객 전용 계좌'라 한다)로 처리하여야 하며 그 계좌는 회원사별로 1개의 계좌를 초과할 수 없다.

④비회원사는 회원사에 매매 주문을하여 그 매매가 체결된 때에는 회원사가 수탁 계약 준칙에 따라 당해 고객으로부터 징수할 위탁 수수료를 징수하여야 한다.

제10조(매매 보고서의 교부)

①증권 회사는 고객의 주문에 의한 선물 거래가 체결된 때에는 매매 보고서를 작성하여 지체없이 고객 또는 고객이 지정한 대리인의

주소지로 우편 발송 등의 방법으로 고객에게 교부하여야 한다. 다만, 고객이 매매 보고서의 교부를 원하지 아니한다는 서면을 제출한 경우에는 그러하지 아니하다.

②제1항의 규정에 의한 매매 보고서에는 거래 구분(신규 매수·환매, 신규 매도·전매로 구분한다), 종목·가격·수량·체결일·수수료 및 제세 공과금 등을 기재하여야 한다.

제11조(선물 거래 내역서의 송부)

①증권 회사는 매월의 선물 거래 내역서를 익월 10일 이내에 우편 발송 등의 방법으로 고객에게 송부하여야 한다. 다만 고객이 선물 거래 내역서의 송부를 원하지 아니한다는 서면을 제출한 경우에는 그러하지 아니하다.

②제1항의 규정에 의한 선물 거래 내역서에는 월중 선물 거래 내역, 월말 현재 미결제 약정의 종목·약정 가격·수량 및 당해 종목의 매매 거래 최종일, 월말 현재 현금 잔고 및 위탁 증거금의 대용 유가 증권(이하 '대용 증권'이라 한다) 잔고 등을 기재하여야 한다.

제4장 반대 매매 및 미수금 정리 등

제12조(위탁 증거금의 추가 징수)

①증권 회사는 고객의 선물 거래와 관련하여 위탁 증거금의 추가 징수 사유가 발생하는 경우, 지체없이 당해 고객과 사전에 합의하는 방법으로 위탁 증거금의 추가 납부를 요구하여야 한다.

②증권 회사는 고객의 귀책 사유로 위탁 증거금의 추가 납부 요구를 수탁 계약 준칙에서 정하는 납부 시한 내에 하지 못한 경우에는 소관 부서장(또는 지점장)이 이를 확인하여 기명날인 또는 서명한 서면을 작성·보관하여야 한다.

제13조(위탁 증거금 미납시 처리)

증권 회사는 고객이 자신의 귀책 사유로 수탁 계약 준칙에서 정한 납부 시한까지 위탁 증거금의 추가 납부를 이행하지 아니한 때는 지체없이 주가 지수 선물 거래 계좌 설정 약정서에서 정하는 방법에 따라 당해 미결제 약정에 대한 반대 매매 등 필요한 조치를 하여야 한다.

제14조(미수금의 발생 예방)

증권 회사는 고객의 선물 거래와 관련하여 미수금이 발생하지 아니하도록 고객에게 다음 각호의 사항을 주지시키는 등 필요한 예방 조치를 하여야 한다.

1. 미수금 발생시 처리에 관한 사항
2. 매매 주문의 수탁 제한 및 거절에 관한 사항

제15조(미수금의 충당 등)

①증권 회사는 고객이 자신의 귀책 사유로 수탁 계약 기준에서 정한 결제 시한까지 일일 정산 차금, 반대 매매 결제 차금, 또는 최종 결제 차금 등을 납입하지 아니한 때에는 지체없이 주가 지수 선물 거래 계좌 설정 약정서에서 정하는 방법에 따라 미수 채권 상당액

의 고객 재산을 처분하여 미수금 등에 충당하여야 한다.

②증권 회사는 고객이 선물 거래와 관련하여 일일 정산 차금 등 결제 대금을 납입 기일까지 납입하지 아니한 경우 연19%에 상당하는 연체료를 징수할 수 있다.

제16조(비회원사의 반대 매매 등의 특례)

①회원사는 비회원사의 고객 전용 계좌에서 제13조 및 제15조의 규정에 의한 임의 반대 매매 또는 기타 유가 증권 등의 임의 처분 사유가 발생한 경우에는 사전에 당해 비회원사에 대하여 반대 매매 하여야 할 대상 선물 종목, 또는 처분하여야 할 대상 유가 증권 등의 명세(이하 '임의 처분 대상 명세'라 한다)를 제출토록 요구하여 이에 따라 처리하여야 한다.

②비회원사는 회원사로부터 제1항의 규정에 의한 임의 처분 대상 명세의 제출 요구를 받는 때에는 지체없이 이에 응하여야 한다. 이 경우 임의 처분 대상 명세는 그 임의 처분 사유에 해당하는 고객의 종목 또는 기타 유가 증권 등을 구체적으로 명시하여 작성하여야 한다.

제5장 고객 재산의 보관 및 관리

제17조(예탁 유가 증권의 보관·관리)

증권 회사는 고객이 선물 거래와 관련하여 예탁한 대용 증권을 보관·관리함에 있어 증권 예탁원(이하 '예탁원'이라 한다)이 예탁 대상 유가 증권으로 지정한 유가 증권에 대하여는 이를 지체없이 예탁원에 예탁하여야 하며, 예탁 대상 유가 증권으로 지정되어 있지 아니한 유가 증권에 대하여는 이를 자기 소유 증권과 구분하여 안전하게 보관·관리하여야 한다.

제18조(선물 거래 고객 예탁금의 보관·관리)

①증권 회사는 매일의 선물 거래 예수금에 선물 위탁 거래 정산 차금과 선물 위탁 매매 증거금을 가감한 금액(이하 '선물 거래 고객 예탁금'이라 한다)에 대하여 매월 1일부터 15일까지는 전월 16일부터 말일까지의 일 평균 잔액의 30% 이상을, 매월 16일부터 말일까지는 당월 1일부터 15일까지의 일 평균 잔액의 30% 이상을 한국증권금융(주)(이하 '증권금융'이라 한다)에 선물 거래 고객 예탁금 반환 준비금으로 예치하여야 한다.

②증권 회사는 제1항의 규정에 의하여 증권 금융에 예치되는 금액을 제외한 나머지 금액을 증권 회사의 자산 운용 준칙 제11조의 규정에 준하여 이용 또는 관리하여야 한다.

제19조(선물 거래 고객 예탁금 이용료)

증권 회사는 고객별 선물 거래 예수금에 선물 위탁 거래 정산 차금을 가감하고 현금 위탁 증거금의 잔액을 감한 금액의 일 평균 잔고를 기준으로 매3개월마다 연3%에 상당하는 이용료을 지급하여야 한다.

제6장 증권 회사의 미결제 약정 소유 한도

제20조(미결제 약정 소유 한도)

①증권 회사는 자기 계산에 의한 미결제 약정을 순미결제 약정 금액(매수 미결제 약정 금액과 매도 미결제 약정 금액의 절대 차액을 말한다)을 기준으로 증권 회사 자기 자본의 100분의 20을 초과하여 소유하지 못한다.

제7장 보칙

제21조(내부 관리)

증권 회사는 선물 거래에 따른 위험을 적정 수준으로 관리하기 위하여 미결제 약정 보유 및 손익 상황 등을 점검·통재 할 수 있는 규정을 제정·운영하여야 한다.

제22조(장외 거래 금지)

증권 회사는 다음 각호의 경우를 제외하고는 거래소가 개설하는 시장 외에서 이 규정에 의한 선물 거래 또는 이와 유사한 방식의 선물 거래를 하여서는 아니 된다.

1. 외국환 관리법 및 선물 거래법에 의한 금융 선물 거래의 경우
2. 거래소가 정하는 바에 따라 착오 매매를 정정하기 위한 경우
3. 기타 감독원장이 불가피하다고 인정하는 경우

제23조(일임 매매 거래)

증권 회사의 고객의 선물 거래와 관련한 일임 매매에 대하여는 '증권 회사의 위탁 매매 업무 등에 관한 규정'에서 정하는 일임 매매 거래에 관한 조항을 준용한다. 다만, 법 시행 규칙 제20조의 2 제2항의 규정에 의하여 일임 매매 계약을 체결함에 있어서는 감사의 사전 허락을 받아야 한다

제24조(보고)

증권 회사는 별지 서식에 따라 매월의 선물 거래 내역을 익월 10까지 감독원장에게 보고하여야 한다.

제25조(세부 사항)

이 규정의 시행에 필요한 세부 사항은 감독원장이 따로 정할 수 있다.

부칙

이 규정은 1996년 3월 8일부터 시행한다.

[별지 서식]

(   )월 중 선물 거래 내역 보고서

(   ) 증권회사   (단위 : 계약, 백만원)

			( )월분	( )월분	( )월분	( )월분	계
월중 자기 거래	매수	신규매수	/	/	/	/	/
		환 매	/	/	/	/	/
		계	/	/	/	/	/
	매도	신규매도	/	/	/	/	/
		전 매	/	/	/	/	/
		계	/	/	/	/	/
월중 위탁 거래	매수	신규매수	/	/	/	/	/
		환 매	/	/	/	/	/
		계	/	/	/	/	/
	매도	신규매도	/	/	/	/	/
		전 매	/	/	/	/	/
		계	/	/	/	/	/
월말 현재 미결제 약정	자기 거래	매 수	/	/	/	/	/
		매 도	/	/	/	/	/
		계	/	/	/	/	/
	위탁 거래	매 수	/	/	/	/	/
		매 도	/	/	/	/	/
		계	/	/	/	/	/
자기 거래 손익	월중 손익				당기 누계손익	(	)

주) 당기 누계 손익의 (   )에는 자기 거래 정산 차금 잔액을 기재

20 .   .   .

보고기관장   (인)

제 **5** 부
증권 회사의 주가 지수 선물 거래 업무 규칙

제1장 총칙

제1조(목적)

이 규칙은 증권관리위원회의 '증권 회사 주가 지수 선물 거래 업무에 관한 규정' 제4조 제2항, 제5조 제3항 및 제6조 제3항의 규정에 의거하여 증권 회사가 주가 지수 선물 거래와 과년한 업무를 수행함에 있어 투자자 보호 및 공정한 업무 처리 등에 필요한 사항을 정함을 목적으로 한다.

제2조(용어의 정의)

이 규칙에서 사용하는 용어의 정의는 증권관리위원회의 '증권 회사의 주가 지수 선물 거래 업무에 관한 규정'에서 정하는 바에 따른다.

제2장 주가 지수 선물 거래의 계좌 개설 등

제3조(선물 거래 설명서 교부)

①증권 회사는 고객과 주가 지수 선물 거래(이하 '선물 거래'라 한다) 계좌 설정 계약을 체결함에 있어 사전에 별지 제1호 서식에 의한 선물 거래 설명서를 고객에게 교부하고, 그 내용을 충분히 설명하여야 한다.

②증권 회사는 최근 1년 이상 선물 거래가 없고 고객이 선물 거래를 재개할 경우 당해 고객에게 선물 거래 설명서를 재교부하여야 한다.

③증권 회사는 당해 고객이 협회 회원인 경우 제1항에 의한 선물 거래 설명서를 교부하지 아니할 수 있다.

제4조(확인 및 보관)

증권 회사는 제3조 제1항 및 제2항과 관련하여 당해 고객이 선물 거래 설명서의 내용을 충분히 이해하고 자신의 판단과 책임으로 선물 거래를 행한다는 내용에 관한 확인을 당해 증권 회사의 선물 거래 계좌 등록 신청서(이하 '계좌 등록 신청서'라 한다) 상에 별도의 확인란을 설정하여 당해 고객으로부터 직접 서명 또는 날인받아 보관하여야 한다.

제5조(고객 정보 파악 의무)

①증권 회사는 고객과 선물 거래 계좌 설정 계약을 체결함에 있어 다음 각호의 사항을 사전에 당해 고객으로부터 제4조의 계좌 등록

신청서 상에 직접 작성·제출 받아 보관하여야 한다.

 1. 고객의 직업

 2. 투자 목적(해지 거래·차익 거래·투기 거래 등) 및 투자 성향(안정성·수익성 등)

 3. 투자 가능 금액 및 투자 예정 기간

 4. 투자 경험(주식·채권·해외 선물, 기타)

 5. 당해 회사로부터의 투자 조언 희망 여부

 6. 기타 회사가 필요하다고 인정하는 사항

 ②증권 회사는 당해 고객이 제1항에 의한 고객 정보 사항의 기재를 거부하는 경우 당해 종업원으로 하여금 그 사유 등을 기재하도록 하고 당해 고객 및 당해 영업 본·지점장의 확인을 받도록 하여야 한다.

 ③증권 회사는 당해 고객이 증권 거래법 시행령 제86조 제1항 제1호의 규정에 의한 기관 투자자인 경우 제1항의 고객 정보를 요구하지 아니할 수 있다.

 ④증권 회사는 제1항에 의한 고객 정보 사항를 당해 고객에 대한 투자 조언·권유 및 기타 관련 법규에서 정한 경우를 제외하고는 당해 고객의 사전 동의 없이 어떠한 목적으로도 제3자에게 제공하여서는 아니 된다.

제3장 투자 권유 및 고객 관리

제6조(신의 성실 의무)

증권 회사는 고객으로부터 위탁받은 선물 거래 업무를 취급함에 있어 고객의 이익을 최우선적으로 고려하여 신의 성실의 원칙에 따라 공정하게 수행하여야 한다.

제7조(투자 목적 등을 감안한 권유)

증권 회사는 고객과 선물 거래를 행함에 있어 제5조 제1항의 고객 정보 사항을 감안하여 적정한 투자 권유가 이루어지도록 하여야 한다.

제8조(고객 선물 거래의 적정 관리)

①증권 회사는 고객의 선물 거래 약정 규모·손익·위탁 증거금·예탁 자산 등의 상황을 정기적으로 파악하여 적정한 고객 관리를 행하도록 하여야 한다.

②증권 회사는 당해 고객이 투자 목적 등에 비추어 과다한 위험에 노출되어 있을 경우 이를 사전 통보하고 주의를 촉구하여야 한다.

제9조(부당 권유 등의 금지)

증권 회사와 그 종업원은 다음 각호의 1에 해당하는 행위를 할 수 없다.

1. 선물 가격이 상승하거나 하락한다는 단정적 판단을 제공하여 권유하는 행위

2. 고객에게 허위 정보를 직접 제공하거나 정보 매체 등을 통해

입력하는 행위

 3. 선물 가격에 영향을 미칠 수 있는 허위 사실 또는 정확하지 않는 정보의 유포 행위

 4. 특정 종목에 대한 매매 주문이 선물 가격을 작위적으로 변동시키려는 의도에 의한 것임을 알면서도 이를 수탁받는 행위

 5. 직무상의 지위를 이용하거나 또는 직무상 지득한 정보를 이용하여 이익을 얻을 목적으로 매매 거래 또는 매매 거래 권유 등을 하는 행위

 6. 종업원이 고객에 관하여 직무상 지득한 사항을 누설하는 행위

 7. 고객의 주문을 고의로 체결시키지 않거나, 고객의 주문을 이용하여 이익을 취할 목적으로 행하는 행위

 8. 제5조 제1항에 의거 당해 고객으로부터 지득한 정보에 비추어 과다한 매매 거래를 권유하는 행위

 9. 종업원이 고객의 명의 또는 주소를 임의로 이용하는 행위

 10. 증권 거래법 시행령 제41조 제3호에 의한 자격을 갖추지 못한 자가 매매 거래를 권유하는 행위

 11. 선물 자기 매매 업무를 담당하거나 직무상 선물 자기 매매 내역을 알 수 있는 업무상 위치에 있는 임직원이 고객을 상대로 투자 권유를 하는 행위

 12. 고객의 동의를 얻지 않고 임의로 거래하는 행위

 13. 고객의 의사 결정 없이 임의로 고객 예탁 자산을 처분하는 행위

 14. 선물 가격에 영향을 미칠 수 있는 가장 거래 행위

 15. 선물 거래와 관련하여 발생한 손실의 일부 또는 전부를 보전

또는 보전할 것을 약속하는 행위

16. 선물 거래와 관련하여 발생한 이익의 일부 또는 전부를 공유 또는 공유할 것을 약속하는 행위

17. 일정 이익의 보장을 약속하는 행위

18. 수탁 계약 준칙에 의거 한국증권거래소에 신고한 경우를 제외하고 특정 고객에 대하여 선물 거래 위탁 수수료의 할인, 기타 이와 유사한 특별 이익의 제공 또는 제공을 약속하는 행위

제10조(종업원의 교육 및 연수)

증권 회사는 제9조와 관련하여 공정하고 합리적인 투자 권유가 이루어질 수 있도록 종업원의 교육 및 연수에 철저를 기하여야 한다.

제11조(고지 의무)

증권 회사는 다음 각호의 1에 해당하는 경우 이를 사전에 고객에게 알려야 한다.

1. 증권 회사 또는 본·지점의 영업 방침에 의하여 특정 선물 종목의 매매를 권유하는 경우

2. 증권 회사 또는 본·지점의 고객의 선물 거래 주문을 낸 후 당해 고객 주문을 체결시키기 위하여 상대 매매 주문을 자기 계산으로 내는 경우 당해 증권 회사의 주문 가격과 수량

3. 증권 회사가 특정 선물 종목의 시세 및 매매 거래와 관련하여 특수한 이해 관계를 가지는 경우

제12조(고지 방법)

증권 회사는 제11조에 의거 고지 의무를 수행함에 있어 다음 각호의 1의 방법에 의하여 고객이 실질적으로 이를 알 수 있도록 하여야 한다.

1. 구두에 의한 고지
2. 당해 사실을 기재한 문서의 영업점 개시
3. 고객용 정보문의 단말기를 이용한 고지
4. 기타 고객이 용이하게 인지할 수 있는 방법

부 칙

이 규칙은 1996년 3월 29일부터 시행한다.

제 **6** 부
선물 거래 설명서법

1. 주가 지수 선물 거래 제도의 개요

1) 주가 지수 선물 거래의 정의

주가 지수 선물 거래는 거래소가 정하는 기준과 방법에 따라 당사자가 사전에 정한 주가 지수의 수치와 일정한 시기에 현실로 나타나는 주가 지수의 수치와의 차에 의하여 산출되는 금전의 수수를 약정하는 거래를 말합니다.

2) 한국 주가 지수 200 선물 거래의 구조

(1) 거래 대상 지수

거래 대상 지수는 한국 주가 지수 200(약칭 KOSPI 200)입니다.

(2) 거래 대상 종목 거래 최종일 및 거래 개시일

①거래 대상 종목은 결재월(3월, 6월, 9월 12월)에 따라 4종목으로 구분되며, 각 종목의 최장 거래 기간은 1년입니다.

②각 종목의 거래 최종일은 각 결재일(3, 6, 9, 12월)의 두 번째 목요일(휴장일인 때에는 순차적으로 앞당김)입니다.

③새로운 종목의 거래 개시일은 선물 거래가 종료되는 종목의 거래최종일의 다음날(휴장일인 때에는 순차적으로 연기함)입니다.

(3) 거래 단위 및 호가 단위

①거래 단위

• 거래 단위는 '계약'으로 표시하며, 최소 거래 단위는 1계약입니다.

• 1계약의 금액은 가격에 50만원을 곱한 금액입니다

예) 가격 100.00포인트에 1계약을 매수(또는 매도)한 경우 거래 금액은 100.00×50만원×1계약＝5,000만원입니다.

②호가 단위

• 호가 단위는 최소 가격 변동폭으로서 0.05포인트입니다.

예)기준 가격이 100.00일 경우, 호가는 99.90, 99.95, 100.00, 100.05, 100.10……로 할 수 있습니다.

(4) 거래 시간

①거래 시간은 다음과 같습니다.

요 일	거 래 시 간	
	전 장	후 장
월 ~ 금	09 : 30~11 : 30	13 : 00~15 : 15
토	09 : 30~11 : 45	

②다만, 거래 최종일이 도래한 종목의 거래 시간은 다음과 같습니다.

요 일	거 래 시 간	
	전 장	후 장
월 ~ 금	09 : 30~11 : 30	13 : 00~14 : 50
토	09 : 30~11 : 20	

(5) 위탁 증거금

①개시 증거금 및 최소 증거금

- 주가 지수 선물 거래의 위탁시에는 위탁 금액의 10% 이상을 위탁 증거금으로 증권 회사에 납부하여야 합니다. 이 경우, 위탁 금액의 5% 이상은 반드시 현금으로 납부하여야 하지만, 그 외는 한국증권거래소가 지정하는 대용 증권으로 납부할 수 있습니다.

- 다만, 계좌를 개설한 후 미결제 약정을 보유하지 않은 상태에서 거래를 위탁하는 때에는 위탁 금액의 15% 또는 최소 증거금 (3,000만원) 중 큰 금액 이상을 증권 회사에 납부하여야 합니다.

②유지 증거금

- 보유 중인 미결제 약정에서 발생한 일일 정산 차손 또는 대용 증권의 가격 하락으로 인하여 위탁 증거금이 약정 금액의 10% (유지 증거금)에 미달되는 경우에는 개시 증거금 수준 이상이 되도록 현금 또는 대용 증권을 다음날 12시(후장 휴장일인 때에는

10시 30분)까지 추가 납부하여야 합니다.

• 이 때 현금 차액 부분은 반드시 현금으로 납부하여야 합니다.

(6) 가격 제한폭

①일일 가격 제한폭은 기준 가격에 0.05를 곱하여 산출되는 수치입니다.

②따라서 상한가는 기준 가격에 가격 제한폭을 더 한 가격이 되며, 하한가는 기준 가격에서 가격 제한폭을 뺀 가격이 됩니다.

(7) 거래의 일시 중단 및 재개

①전일의 약정 수량이 가장 많은 종목의 가격이 상한가 또는 하한가에 도달하여 그 상태가 1분간 지속되면 모든 종목의 거래를 5분간 중단합니다. 단, 전일의 약정 수량이 가장 많은 종목이 2 이상인 경우에는 근월물이 기준이 됩니다.

②거래의 재개는 10분간 동시 호가 접수 후, 단일가 매매로서 거래를 재개합니다.

(8) 일일 정산

①거래의 특성상 손실 확대시 결제 불이행 위험을 사전에 방지하기 위하여 당일에 매매 체결한 미결제 약정 수량에 대하여는 각 약정 가격과 증권거래소가 정하는 당일의 정산 가격(이하 '정산 가격'이라 함)과의 차이에 대하여, 전일의 미결제 약정 수량에 대해서는 당일의 정산 가격과 전일의 가격과의 차이에 대하여 귀하의 손익을 평가하여 일일 정산하게 됩니다.

②귀하가 보류 중인 미결제 약정에서 일일 정산 차익이 발생하더라도 당해 미결제 약정을 반대 매매(환매 또는 전매)에 의한 결제나 최종 결제를 하기 전에는 그 차익을 인출하거나 새로운 주문의 위탁 증거금으로 이용할 수 없습니다.

③반면, 귀하가 보유 중인 미결제 약정에서 일정 정산 차손이 발생하는 때에는 그 금액만큼 귀하의 예탁금에서 차감하여 증권거래소에 납부하게 됩니다.

(9) 결제

①반대 매매에 의한 결제

보유 중인 미결제 약정을 반대 매매(환매 또는 전매)한 경우, 당해 매결제 약정의 약정 가격과 반대 매매시의 약정 가격과의 차이에 대하여 결제하는 것입니다.

②최종 결제

보유 중인 미결제 약정을 반대 매매하지 아니하고 거래 최종일까지 보유한 경우, 당해 미결제 약정의 약정 가격과 최종 결제 가격과의 차이에 대하여 결제하는 것입니다.

③ 결제 시한

결제 금액의 수수 시한은 반대 매매일 또는 거래 최종일로부터 기산하여 3일(연말 3일을 제외한 휴장일은 일수 계산에서 제외함)째의 날 12시입니다.

2. 주가 지수 선물 거래의 위험 등

주가 지수 선물 거래는 실체가 없는 주가 지수를 소액의 증거금만으로 거래하는 것으로, 투자 원금에 비하여 많은 이익을 얻을 가능성뿐만 아니라, 많은 손실을 입을 가능성도 내포하고 있습니다. 따라서 주가 지수 선물 거래를 개시하기 전에 다음의 내용을 충분히 파악하시고 귀하의 재산 상황 등을 감안하여 투자 결정에 신중을 기하여야 한다.

1)시장 가격이 귀하의 예상과 달리 움직일 경우에는 비교적 짧은 기간에 투자 원금에 해당하는 위탁 증거금의 전부 또는 일부를 잃을 수 있으며, 또한 그 손실은 위탁 증거금을 넘어설 수도 있습니다.

2)시장 가격 또는 대용 유가 증권의 대용 가격 변동에 의한 평가 손실이 일정액 이상이 되면 소정의 시한 이내에 위탁 증거금을 추가로 납부하여야 합니다.

3)소정의 시수금이 발생한 경우에는 증권사는 임의로 귀하의 미결제 약정의 전부 또는 일부를 처분하거나 대용 유가 증권의 전부 또는 일부를 처분하게 됩니다. 이 경우에 발생하는 손실은 귀하가 부

담하여야 합니다.

4)시장 상황에 따라서는 귀하가 원하는 대로 거래가 이루어지지 않을 수 있습니다. 예를 들면, 이러한 상황은 시장 가격이 가격 제한폭까지 움직였거나 또는 상대 호가 및 주문량의 부재 등의 경우에 발생할 수 있습니다.

5)시장의 건전성 유지를 위하여 필요하거나 또는 시장 관리상 필요한 경우에는 위탁 증거금률·유지 증거금률·현금 위탁 증거금률 기타 관련 제도가 소급하여 변경될 수 있습니다. 귀하의 위탁 증거금 수준 등이 변경된 제도 요건을 충족하지 못하는 경우에는 그 부족분을 단시간 내에 추가로 납부하여야 합니다.

3. 한국 주가 지수 200

한국 주가 지수 200은 다음과 같은 지수입니다.

1) 산출 기관 : 한국증권거래소

2) 기준 시점 및 기준 지수
①기준 시점 : 1990. 1. 3.

②기준지수 : 100.00

3) 산출 방식

①상장 주식수 가중 시가 총액식 주가 지수
②산출식

$$\text{한국 주가 지수 2000} = \frac{\text{비교 시점의 시가 총액}}{\text{기준 시점의 시가 총액}} \times 100$$

4) 구성 종목 등

①거래소에 상장되어 있는 주식 중 시장 대표성·유동성 및 업종 대표성 등을 고려하여 선정된 200종목을 대상으로하여 산출됩니다.
②거래소는 매년 6월에 지수 구성 종목을 정기적으로 심의·변경하며, 그 밖에 지수 구성 종목의 상장 폐지, 관리 종목 지정 또는 합병 등 특별한 사유가 발생한 경우에도 지수 구성 종목을 변경할 수 있습니다.

5) 기 타

기타 한국 주가 지수 200에 관한 상세한 내용은 거래 증권 회사 또는 증권거래소에 문의하시기 바랍니다.

4. 거래의 내역 및 잔고 확인

1) 매매 보고서의 교부

귀하가 서면으로 교부 반대의 의사 표시를 한 경우를 제외하고는 위탁한 주문에 대하여 거래가 체결되는 즉시 증권 회사는 그 내용을 서면으로 통보합니다.

2) 거래 내역서의 송부

귀하가 서면으로 반대의 의사 표시를 한 경우를 제외하고는, 증권 회사는 매월 거래 내역 및 계좌 현황 등을 서면으로 익월 10일까지 통보합니다.

귀하가 교부 반대의 의사 표시를 하지 아니하였는데도 불구하고 매매 보고서 또는 선물 거래 내역서가 통보되지 아니하거나, 매매 보고서 또는 선물 거래 내역서의 기재 내용이 귀하가 알고 있는 바와 상이한 경우에는 지체없이 거래 증권 회사에 연락하여 확인하시기 바랍니다.

5. 용어 해설

• **증거금(margin)** : 선물 거래 계약의 이행을 보증하기 위해 요구되는 현금이나 유가 증권을 말한다.

• **개시 증거금** : 고객이 신규 매매 거래의 위탁시 중개 회사에 납부하는 증거금으로 위탁 금액의 15% 이상에 해당하는 금액

• **유지 증거금** : 고객이 자신의 선물 포지션을 유지하는 데 필요한 최소한의 증거금으로 약정 금액의 10%에 해당하는 금액

• **추가 증거금** : 선물의 시장 가격 또는 대용 유가 증권의 대용 가격 변동에 의해 고객의 증거금 수준이 유가 증거금 수준 이하로 떨어질 때 추가로 납부해야 하는 증거금

• **정신 가격** : 일반적으로 당일의 선물 최종 약정 가격을 말한다.

• **기준 가격** : 일반적으로 전일의 선물 정산 가격을 말한다.

※ 여기서 '가격'이라 함을 주가 지수의 수치를 말한다.

• **미결제 약정** : 반대 매매(전매 또는 환매) 또는 최종 결제에 의하여 소멸되지 아니한 특정 결제월의 선물 계약(매도 계약 또는 매수 계약)

• **최종 결제 가격** : 일반적으로 거래 최종일의 최종 KOSPI 200을 말한다.

- **환매** : 매도의 미결제 약정을 보유한 당사자가 당해 매도의 미
결제 약정을 소멸시키기 위하여 동일한 종목을 매수하는 것을 말한
다.

- **전매** : 매수의 미결제 약정을 보유한 당사자가 당해 매수의 미
결제 약정을 소멸시키기 위하여 동일한 종목을 매도하는 것을 말한
다.

제 **7** 부
투자 상담사에 관한 규칙

제1장 총칙

제1조(목적)

이 규칙은 증권 거래법(이하 '법'이라 한다) 제65조 및 법 시행령(이하 '영'이라 한다) 제41조의 규정에 의하여 한국증권업협회(이하 '협회'라 한다)가 투자 상담사의 등록 및 자격 시험 등 관리 업무를 수행함에 있어 필요한 사항을 정함을 목적으로 한다.

제2조(적용 범위)

투자 상담사에 대하여는 법령에 정한 것을 제외하고는 이 규칙이 정하는 바에 의한다.

제3조(투자 상담사의 정의)

①이 규칙에서 투자 상담사라 함은 법 제65조의 규정에 의하여 협

회에 등록된 자로서 업무 영역별로 1종과 2종으로 구분한다.

②이 규칙에서 1종 투자 상담사라 함은 영 제41조 제3호에서 정한 자격을 구비하여 등록된 자를 말한다.

③이 규칙에서 2종 투자 상담사라 함은 영 제41조 제1호 또는 제2호에서 정한 자격을 구비하여 등록된 자를 말한다.

제4조(채용 제한)

증권 회사는 다음 각호의 1에 해당하는 자를 투자 상담사로 채용할 수 없다.

1. 법 제66조 각호의 1에 해당하는 자

2. 법에 의하여 증권관리위원회로부터 해임 명령을 받은 증권 회사의 이사 또는 감사로서 그 처분을 받은 날로부터 5년이 경과하지 아니한 자

3. 징계 처분에 의하여 파면된 자로서 5년이 경과하지 아니한 자

4. 제69조 제1항에 의하여 직무 정지 처분을 받은 경우, 그 직무 정지 기간 중에 있는 자

제2장 등록

제5조(등록의 신청)

증권 회사가 법 제65조 및 영 제40조의 규정에 의하여 소속 임직원을 투자 상담사로 등록하고자 할 때에는 다음 각호의 서류를 구비하여 협회에 제출하여야 한다.

1. 투자 상담사 등록 신청서 1통(별지 제1호 서식)
2. 주민등록증 사본(전면 및 후면) 1통
3. 반명함판 사진 2매
4. 기타 협회가 필요하다고 인정하는 서류

제6조(등록 신청서의 심사)

협회는 제5조의 규정에 의한 투자 상담사 등록 신청서를 접수한 때에는 다음 각호의 사항을 심사하여야 한다.

1. 법 제66조 각호의 1에 해당 여부
2. 등록 신청서 기재 사항 및 구비 서류의 누락 또는 허위 기재 여부
3. 기타 협회가 필요하다고 인정하는 사항

제7조(등록 및 등록 거부)

협회는 제6조의 규정에 의한 심사 결과 하자가 없을 때에는 별지 제2호 서식에 의한 투자 상담사 등록부에 등록하여야 하고, 하자가 있을 때에는 등록을 거부하여야 한다.

제8조(투자 상담사의 해임)

증권 회사는 소속 투자 상담사가 다음 각호의 1에 해당하게 된 때에는 즉시 해임한 후 그 내용을 별지 제3호 서식에 의거 협회에 보고하여야 한다. 이 경우 투자 상담사 신분증을 회수하여 첨부하여야 한다.

1. 법 제69조 규정에 의하여 증권감독원이나 협회 등으로부터 등

록 취소·직무정지 및 등록 말소 처분을 받은 자

 2. 제14조 제1항 제1호 내지 제7호 및 제9호에 해당하는 행위를
한 자

제9조(투자 상담사에 관한 보고)

 증권 회사는 투자 상담사의 등록 사항이 변경된 때에는 그 내용을
별지 제4호 서식에 의거 지체없이 협회에 보고하여야 한다.

제10조(신분증 발행 등)

 ①증권 회사는 투자 상담사에 대하여 당해 회사 소속 투자 상담사
임을 증명하기 위하여 별지 제5호 서식에 의한 투자 상담사 신분증
을 협회의 등록필인의 날인을 받아 발행·교부하여야 한다.

 ②증권 회사는 당해 회사 소속 투자 상담사에 대하여 다음 각호의
사유가 발생하였을 때에는 신분증을 재발행 교부하여야 한다. 단,
제1호의 경우에는 구신분증을 첨부하여야 한다.

 1. 신분증을 훼손하였을 경우

 2. 신분증을 도난 또는 분실하였을 경우(별지 제6호 서식)

 ③협회는 제1항 및 제6조와 관련하여 소정의 수수료를 징수할 수
있다.

제11조(신분증의 패용)

 투사 상담사가 그 직무를 수행할 때에는 신분증을 왼쪽 가슴에 패
용하여야 한다.

제12조(등록 등의 공시)

①협회는 다음 각호의 사항이 발생한 때에는 이를 당해 증권 회사에 통보하여야 한다.

1. 법 제69조 제2항의 규정에 의한 처분
2. 제7조의 규정에 의한 등록
3. 제7조의 규정에 의한 등록거부

②협회는 제1항 제1호, 제2호 및 투자 상담사 해임의 사항이 발생하였을 때에는 이를 〈증권 시장지〉에 게재한다.

제3장 관리 감독

제13조(관리 감독)

①협회는 투자 상담사에 관한 사항을 관리 감독한다.

②협회는 투자 상담사 관리 감독상 필요하다고 인정하는 때에는 관계 직원으로 하여금 증권 회사에 대하여 투자 상담사의 관리에 관한 사항을 검사하게 할 수 있다.

③제2항의 규정에 의하여 검사를 하는 자는 협회장이 발급한 검사 증표(별지 제7호 서식)를 관계인에게 제시하여야 한다.

제14조(징계 처분)

①협회는 투자 상담사가 다음 각호의 1에 해당하는 행위를 하였을 때에는 소속 증권 회사에 대하여 징계 처분을 요구할 수 있다.

1. 소속 증권 회사 이외의 증권 회사를 위하여 그 직무를 행하는

행위

2. 고객에 대하여 위탁 수수료의 할인 또는 초과 징수, 기타 특별한 이익을 제공하거나 유가 증권의 거래에 관하여 고객과 손익을 같이하는 행위

3. 자기 계산에 의한 유가 증권의 매매 행위

4. 증권 회사의 계좌를 이용하지 아니하는 장외 거래의 주선 및 알선 행위

5. 고객의 예수금 또는 예수 유가 증권을 유용하거나 착복하는 행위

6. 고객에 대하여 부실한 사실을 알리거나 허위 문서 및 자료 등을 제시하는 행위

7. 사위 행위

8. 협회 소정의 직무 교육 기피 행위

9. 기타 관계 법규에 위반하는 행위

②협회는 제18조에서 정환 관리 책임자의 관리 부주의로 인하여 투자 상담사가 제1항 각호의 1에 해당하는 행위를 하였을 때에는 소속 증권 회사에 대하여 관리 책임자의 징계 처분을 요구할 수 있다.

제15조(투자 상담사의 교육)

①투자 상담사는 등록된 당해 연도를 제외하고는 협회가 실시하는 소정의 직무 교육을 매년 1회 이상 이수하여야 한다. 다만 투자 상담사가 임원인 경우와 부점장의 직무를 수행하고 있는 경우에는 그러하지 아니하다.

②증권 회사는 투자 상담사가 제1항이 교육을 정당한 사유 없이 이수하지 아니한 때에는 해당 투자 상담사에 대하여 그 직무를 수행하도록 하여서는 아니 된다.

제16조(투자 상담사 등록부 등의 비치)

협회는 투자 상담사 등록부 및 기타 투자 상담사 관리에 필요한 서류를 비치하여야 한다.

제17조(투자 상담사 관련 사고 보고)

증권 회사는 소속 투자 상담사의 직무에 관련된 사고가 발생하였을 때에는 즉시 그 상황을 협회에 보고하여야 한다.

제18조(투자 상담사의 관리)

①증권 회사는 투자 상담사에 대한 관리 책임자(영업 담당 이사)와 영업점별 관리 실무 책임자(본점 영업 담당 부장, 지점장 및 출장 소장)를 임명하여 투자 상담사를 관리하도록 하여야 한다.

②증권 회사는 투자 상담사의 관리를 위하여 투자 상담사 관리부(별지 제8호 서식)를 비치하여야 한다.

제4장 자격시험위원회

제19조(구성)

①영 제41조의 규정에 의하여 시행하는 자격 시험(이하 '시험'이라

한다)에 관한 제반 사항을 심의 의결하기 위하여 투자 상담사 자격 시험위원회(이하 '위원회'라 한다)를 둔다.

②위원회는 제24조에서 규정하는 시험의 종류별로 각각 구성한다.

③위원회는 다음에 게기하는 7인으로 한다.

1. 위원장 : 한국증권연수원(이하 '연수원'이라 한다) 원장

2. 위원 : 학식과 경험이 풍부한 인사 중에서 협회장이 위촉하는 6인

④위원회의 공무를 관장하기 위하여 간사 1인을 둔다. 간사는 연수 부장으로 한다.

제20조(기능)

위원회는 시험에 관한 다음 각호의 사항을 경정한다.

1. 출제 및 채점에 관한 사항

2. 시험 평가에 관한 사항

3. 기타 시험 실시에 관하여 필요한 사항

제21조(위원장의 직능)

위원장은 위원회를 대표하며 회의의 의장이 된다.

제22조(회의의 소집 및 의결)

①위원장은 필요하다고 인정할 때에는 위원회를 소집할 수 있다.

②위원회의 의결은 재적 위원 3분의 2 이상의 출석과 출석 위원 과반수 이상의 찬성으로 한다.

3. 위원장은 필요하다고 인정할 때에는 서면 회의로서 부의 의결할 수 있다.

제23조(보고)

위원회는 제반 의결 사항 등 그 결과를 협회장에게 보고하여야 한다.

제5장 자격 시험

제24조(시험의 종류)

시험은 다음에 열거하는 2종류로 구분하여 시행한다.
①1종 투자 상담사 자격 시험
②2종 투자 상담사 자격 시험

제25조(응시 자격)

시험에 응시할 수 있는 자는 다음 각호와 같다
1. 1종 투자 상담사 : 응시일 현재 2종 투자 상담사의 자격을 구비한 자로서 시험 실시 연도를 포함한 최근 3개월 애내에 연수원에게 실시하는 선물 투자 상담사 자격 과정, 선물·옵션 기초 과정, 또는 선물·옵션 전문 과정 중 1개 과정 이상을 이수한 자

제26조(시험 과목 및 방법)

시험의 과목, 출재의 범위, 문제의 형식과 수, 시간, 합격 판정 기준 등에 관하여는 그 때마다 위원회가 정한다.

제27조(시험의 시행 등)

①시험 일시·장소 및 응시 절차 등 시험의 시행에 필요한 사항은

연수원장이 정한다.

②시험에 관한 제반 사항의 공고는 증권 시장지에 공고한다.

제28조(수험 절차)

①시험에 응시하고자 하는 자는 연수원장이 정하는 소정 양식에 의거 응시 원서를 제출하여야 한다.

②제1항의 규정에 의해 응시 원서를 제출하는 자는 소정의 수험료를 별도로 납부해야 한다.

제29조(시험의 정지 및 합격 취소)

위원회는 부정한 행위나 방법으로 시험에 응한 자에 대하여는 시험의 정지 또는 그 합격을 취소할 수 있다.

제30조(합격 기준)

시험 합격 기준은 100점 만점에 70점 이상으로 함을 원칙으로 한다.

제31조(합격증)

협회장은 시험에 합격한 자에 대하여는 합격증을 수여하고 대장에 이를 등재한다.

제32조(기타 규정)

이 규칙 시행에 필요한 사항은 협회장이 따로 정한다.

부칙

이 규칙은 1996년 2월 28일부터 시행한다.

■은 시행령입니다.

제8부
주가 지수 선물 거래 업무 규정 · 시행 세칙

제1장 총칙

제1조(목적)

이 규정은 증권 거래법 제94조의 규정에 의하여 유가 증권 시장에서의 주가 지수 선물 거래에 관하여 필요한 사항을 규정함을 목적으로 한다.

제1조(목적)

이 세칙은 주가 지수 선물 거래 업무 규정(이하 '규정'이라 한다)에서 위임된 사항과 그 시행에 관하여 필요한 사항을 규정함을 목적으로 한다.

제2조(정의)

①이 규정에서 '매매. 거래'라 함은 이 규정이 정하는 기준과 방법에 따라 당사자가 사전에 정한 주가 지수의 수치(이하 '약정 가격'이라

한다)와 장래의 일정한 시기에 현실로 나타나는 주가 지수의 수치(이하 '최종 결제 가격'이라 한다)와의 차에 의하여 산출되는 금전의 수수를 약정하는 거래를 말한다.

②이 규정에서 '시장'이라 함은 매매 거래를 위하여 한국증권거래소(이하 '거래소'라 한다)가 개설하는 주가 지수 선물 시장을 말한다.

③이 규정에서 '매도'라 함은 최종 결제 가격이 약정 가격보다 낮은 경우에는 금전을 수령하고, 높은 경우에는 금전을 지급하는 당사자로 되는 매매 거래를 말한다.

④기 규정에서 '매수'라 함은 최종 결제 가격이 약정 가격보다 높은 경우에는 금전을 수령하고, 낮은 경우에는 금전을 지급하는 당사자로 되는 매매 거래를 말한다.

⑤이 규정에서 '전매'라 함은 동일 종목에 대하여 매수의 미결제 약정을 보유한 당사자가 당해 매수의 미결제 약정을 소멸시키기 위하여 행하는 매도를 말한다.

⑥이 규정에서 '환매'라 함은 동일 종목에 대하여 매도의 미결제 약정을 보유한 당사자가 당해 매도의 미결제 약정을 소멸시키기 위하여 행하는 매수를 말한다.

⑦이 규정에서 '가격'이라 함은 주가 지수의 수치를 말한다.

⑧이 규정에서 '호가'라 함은 거래소의 회원(이하 '회원'이라 한다)이 시장에서 매매 거래를 하기 위하여 종목·수량·가격, 기타 매매거래의 요건을 갖추어 행하는 매도의 의사 표시 또는 매수의 의사표시를 말한다.

⑨이 규정에서 '동시 호가'라 함은 호가 시간의 선후를 구분하지 아니하고 호가로서 제19호의 규정에 의하여 단일 가격에 의한 개별

경쟁 매매의 방법으로 약정 가격을 결정하는 경우에 참여하는 호가를 말한다.

⑩이 규정에서 '기세'라 함은 당일의 매매 거래 종료시까지 매매 거래가 성립되지 아니한 종목에 대한 호가의 가격 중 제10조의 규정에 의한 기중 가격에 비하여 가장 낮은 매도 호가의 가격 또는 가장 높은 매수 호가의 가격을 말한다.

⑪이 규정에서 '자기 매매'라 함은 회원이 자기의 명의 및 계산으로 행하는 매매 거래 또는 회원이 아닌 증권 회사의 자산 운용을 위한 매매 거래의 위탁을 받아 자기의 명의 및 당해 회원이 아닌 증권 회사의 계산으로 행하는 매매 거래를 말한다.

⑫이 규정에서 '위탁 매매'라 함은 회원이 당해 회원 외의 자로부터 위탁을 받아 행하는 매매 거래로서 자기 매매가 아닌 매매 거래를 말한다.

제2조(정의)

이 세칙에서 사용하는 용어의 정의는 규정이 정하는 바에 의한다.

제2장 시장의 구분 및 개폐

제3조(시장의 구분 및 매매 거래 시간)

①시장은 오전 시장(이하 '전장'이라 한다)과 오후 시장(이하 '후장'이라 한다)으로 구분한다.

②제1항의 전장과 후장의 매매 거래 시간은 시행 세칙(이하 '세칙'이라 한다)으로 정한다

제3조(매매 거래 시간)

①규정 제3조 제2항의 규정에 의한 전장의 매매 거래 시간은 09시간 30분부터 11기 30분까지(후장 휴장일인 때에는 09시 30분부터 11시 45분까지)로 하고 후장의 매매 거래 시간은 13시부터 15시 15분까지로 한다. 다만 매매 거래 최종일이 도래한 종목의 전장의 매매 거래 시간은 09시 30분부터 11시 30분까지(후장 휴일인 때에는 09시 30분부터 11시 20분까지)로 하고, 후장의 매매 거래 시간은 13시부터 14시 50분까지로 한다.

②거래소는 제1항의 규정에 불구하고 다음 각호의 1에 해당하는 경우에는 매매 거래 시간을 변경할 수 있다.

1. 선물 시스템에 장애가 발생하여 정상적인 매매 거래를 할 수 없는 경우

2. 주식 시장의 매매 거래 시간이 변경되는 경우

3. 제1호 및 제2호 외에 거래소가 시장 관리상 필요하다고 인정하는 경우

제4조(후장일 및 후장 휴장일)

①거래소는 다음 각호의 1에 해당하는 날을 휴장일로 하여 매매 거래를 하지 아니한다.

1. 관공서의 공휴일에 관한 규정에 의한 공휴일

2. 근로자의 날 제정에 관한 법률에 의한 근로자의 날

3. 연말의 3일간(일수의 계산시 공휴일은 산입하지 아니한다)

②거래소는 다음 각호의 1에 해당하는 날을 후장 휴장일로 하여 후장의 매매 거래를 하지 아니한다.

  1. 토요일

  2. 연초 개장일

  3. 제1호 및 제2호 외에 주식 시장의 후장 휴장일 기타 거래소가 필요하다고 인정하는 날

  ③거래소는 제1항 및 제2항이 규정에 불구하고 시장 관리상 필요하다고 인정하는 때에는 제1항 및 제2항 각호의 1에 해당하는 날에 매매 거래를 할 수 있다.

제5조(시장의 임시 폐장)

  거래소는 제4조 제1항 및 제2항의 규정에 불구하고 천재·지변, 경제 사정의 급격한 변동, 시장에서의 화재, 기타 시장 관리상 필요하다고 인정하는 때에는 시장의 전부 또는 일부를 임시로 폐장할 수 있다.

제3장 매매 거래의 대상

제6조(매매 거래 대상)

  매매 거래의 대상은 한국 주가 지수 200(거래소에 상장된 주권 중 200종목을 대상으로 하는 시가 총액 방식의 주가 지수로서 거래소가 산출하는 것을 말한다. 이하 같다)으로 한다.

제7조(종목 등)

  ①매매 거래는 매매 거래 최종일에 따라 종목을 구분하여 행한다.

②매매 거래 최종일은 3월, 6월, 9월 및 12월의 각 월의 두 번째 목요일(휴장일인 때에는 순차적으로 앞당긴다)로 한다.

③매매 거래는 4종목으로 하며, 각 종목의 매매 거래 기간은 1년으로 한다.

④새로운 종목의 매매 거래 개시일은 각 종목의 매매 거래 최종일의 다음날(휴장일인 때에는 순연한다)로 한다.

⑤거래소는 제2항 내지 제4항의 규정에 불구하고 시장 관리상 필요하다고 인정하는 때에는 매매 거래 최종일·매매 거래 기간, 또는 매매 거래 개시일을 변경할 수 있다.

제4장 매매 거래 계약의 체결 방법

제1절 호가 및 매매 거래 단위

제8조(호가)

회원이 매매 거래를 하고자 하는 때에는 위탁 매매와 자기 매매로 구분하여 호가를 하여야 한다.

제9조(호가 방법)

①호가는 회원용 선물 단말기(호가의 입력 등을 위하여 회원이 거래소의 승인을 얻어 본점·지점, 기타 영업소에 설치하는 단말기를 말한다. 이하 같다)로 거래소 선물 시스템(매매 거래 계약의 체결·결제 등을 위하여 거래소가 설치·운영하는 시스템을 말한다. 이하 '선물 시스템'이라 한다)에

입력하거나 회원 선물 시스템(호가의 입력 등을 위하여 회원이 거래소의 승인을 얻어 선물 시스템과 연결하는 시스템을 말한다. 이하 같다)으로 선물 시스템에 입력한다. 다만, 회원용 선물 단말기 또는 회원 선물 시스템의 장애 기타 사유로 선물 시스템에 입력할 수 없는 회원은 그 때마다 거래소의 승인을 얻어 회원용 선물 예비 단말기(거래소가 설치하는 단말기 중 회원용 선물단말기와 기능이 같은 단말기를 말한다. 이하 같다)로 선물 시스템에 입력할 수 있다.

②제1항의 규정에 불구하고 외국인(증권관리위원회의 외국인의 유가 증권 매매 거래 등에 관한 규정에 의하여 투자 한도를 제한받는 자를 말한다. 이하 같다)의 계산으로 행하는 호가를 외국인의 투자 한도를 관리하는 시스템을 거쳐야 한다.

③회원이 회원용 선물 단말기의 설치 장소를 변경한 때에는 지체 없이 거래소에 통지하여야 한다.

④거래소는 필요하다고 인정하는 때에는 회원용 선물 단말기 및 회원 선물 시스템의 사양, 설치 장소 등에 대하여 조건을 붙이거나 변경하게 할 수 있다.

⑤제1항의 규정에 의하여 선물 시스템에 입력하는 호가 내용은 세칙으로 정한다.

제3장 매매 거래 계약의 체결 방법

제1절 호가

제4조(호가 입력 내용)

①규정 제9조 제5항의 규정에 의하여 선물 시스템에 입력하는 호가 내용은 다음 각호와 같다.

1. 회원명 또는 회원 번호

2. 종목·수량·가격

3. 매도와 매수의 구분

4. 위탁 매매와 자기 매매의 구분

5. 회원, 회원이 아닌 국내 또는 외국 증권 회사의 자기 매매의 구분

6. 투자자의 구분

7. 투자자의 계좌 번호

8. 제1호 내지 제7호 외에 거래소가 필요하다고 인정하는 사항

②제1항 각호의 호가 내용의 입력에 필요한 코드는 거래소가 정한다.

제10조(호가의 제한)

①호가는 호가 접수 시간에 하여야 한다.

②호가의 가격은 기준 가격에 가격 제한폭을 더한 가격보다 높거나 기준 가격에서 가격 제한폭을 뺀 가격보다 낮아서는 아니 된다.

③제1항의 호가 접수 시간, 제2항의 기준 가격 및 가격 제한폭은 세칙으로 정한다.

제5조(호가 접수 시간)

①규정 제10조 제3항의 규정에 의한 호가 접수 시간은 전장과 후장의 매매 거래 시간의 개시 전 각각 90분부터 전장과 후장의 매매 거래 시간의 종료 전까지로 한다.

②제1항의 규정에 불구하고 규정 제21조 제1항 및 제22조 제1항의

규정에 의하여 매매 거래를 중단하는 때에는 호가를 접수하지 아니한다. 다만, 규정 제21조 제1항 제2호 또는 제3호의 규정에 의하여 매매 거래를 중단하는 때의 취소 호가는 그러하지 아니하다.

③거래소는 제1항의 규정에 불구하고 제3조 제2항의 규정에 의하여 매매 거래 시간을 변경하거나 기타 시장 관리상 필요하다고 인정하는 때에는 호가 접수 시간을 변경할 수 있다.

제6조(기준 가격)

①규정 제10조 제3항의 규정에 의한 기준 가격은 종목별로 다음 각호와 같다.

1. 매매 거래 개시일부터 최소 매매 거래 성립일까지

다음 산식에 따라 산출되는 이론 가격(이론 가격이 제9조의 호가 단위에 부합되지 아니하는 때에는 호가 단위에 부합되는 가격 중 그 이론 가격에 가장 가까운 가격). 다만, 전일(휴장일인 때에는 순차적으로 앞당긴다. 이하 제2호 단서를 제외하고는 같다)에 기세가 있는 때에는 전일의 기세로 하고, 전일의 기세가 없는 때에는 최근일의 기세로 하되, 그 최근일의 기세에서 당일의 이론 가격을 뺀 수치의 절대값이 그 최근일의 기세를 기준으로 하는 가격 제한폭을 초과하는 때에는 당일의 이론 가격으로 한다.

$$\text{이론 가격} = \text{한국주가지수 } 200 \times \left[1 + \left(\text{금리} \times \frac{\text{잔존 기간의 일수}}{365}\right) - \text{배당 수익률}\right]$$

(소수점 셋째 자리 이하의 수치가 발생하는 때에는 소수점 셋째 자리에서 반올림한다).

2. 최초 매매 거래 성립일의 다음 날 이후

규정 제30조의 규정에 의한 직전의 정산 가격. 다만, 그 정산 가격이 이론 가격인 경우로서 전일이 휴장일인 때에는 당일의 이론 가격으로 한다.

②제1항 제1호에서 "한국주가지수 200"이라 함은 전일의 최종 한국 주가 지수 200을 말한다. 다만, 한국 주가 지수 200 구성 종목 중 이론 가격의 산출일에 배당락되는 종목이 있는 경우에는 다음 산식에 따라 산출되는 배당락 지수로 한다.

배당락 지수= 전일의 최종 한국주가지수 200−(	배당락 종목의 직전 사업 연도의 현금 배당금의 총액 당일의 한국주가지수 200의 기준시가총액	)×100

③제1항 제1호에서 '금리'라 함은 한국증권업협회가 산출하는 만기가 91일인 양도성 예금 증서의 최근일의 연 수익률을 말한다.

④제1항 제1호에서 '잔존 기간'이라 함은 이론 가격의 산출일부터 기산하여 매매 거래 최종일까지를 말한다.

⑤제1항 제1호에서 '배당 수익률'이라 함은 한국주가지수 200 구성 종목의 발행 회사가 잔존 기간에 배당하는 예상 현금 배당금의 총액을 당일의 한국주가지수 200의 비교 시가 총액으로 나누어 산출되는 수치를 말한다. 이 경우 예상 현금 배당금은 당해 발행 회사가 직전 사업 연도에 배당한 현금 배당 금액으로 한다.

제7조(가격 제한폭)

①규정 제10조 제3항의 규정에 의한 가격 제한폭은 기준 가격에 100분의 5를 곱하여 산출되는 수치로 한다.

②상한가는 기준 가격에 가격 제한폭을 더한 가격으로 한다. 다만, 그 가격이 제9조의 호가 단위에 부합되지 아니하는 때에는 그 가격보다 낮고 호가 단위에 부합되는 가격 중 그 가격에 가장 가까운 가격으로 한다.

③하한가는 기준 가격에서 가격 제한폭을 뺀 가격으로 한다. 다만, 그 가격이 제9조의 호가 단위에 부합되지 아니하는 때에는 그 가격보다 높고, 호가 단위에 부합되는 가격 중 그 가격에 가장 가까운 가격으로 한다.

④거래소는 제1항의 규정에 불구하고 매매 거래의 상황에 이상이 있거나 기타 시장 관리상 필요하다고 인정하는 때에는 가격 제한폭을 변경할 수 있다.

제11조(호가의 효력)

호가는 접수된 때부터 당일의 매매 거래 종료시까지 효력을 지속한다. 다만, 제21조 제1항 제1호이 규정에 의하여 매매 거래가 중단되는 때에는 호가의 효력은 거래소가 그 때마다 정할 수 있다.

제12조(호가의 기록 및 통지)

①거래소는 호가를 접수한 순서에 따라 즉시 그 내용을 선물 시스템에 기록하고 회원에게 통지한다.

②거래소는 선물 시스템에 기록된 호가를 세칙이 정하는 날까지 보관한다.

제8조(호가의 보관 기한)

규정 제12조 제2항의 규정에 의한 호가의 보관 기한은 호가한 종목의 매매 거래 최종일부터 90일이 경과한 날까지로 한다

제13조(호가의 정정 및 취소)

호가의 정정(호가의 수량의 전부 또는 일부를 당해 호가의 가격과 다른 가격으로 변경하는 것을 말한다) 또는 호가의 취소는 매매 거래가 성립되지 아니한 수량에 한한다.

제14조(기타 호가 사항)

호가 단위, 호가의 수량, 기타 호가에 관한 필요한 사항은 세칙으로 정한다.

제9조(호가 단위)

규정 제14조의 규정에 의한 호가 단위는 0.05포인트로 한다.

제10조(호가의 수량의 제한)

규정 제14조의 규정에 의한 호가의 수량은 1,000계약 미만으로 한다.

제15조(매매 거래 단위)

①매매 거래 단위는 1계약으로 한다.

②1계약의 금액은 가격에 50만원을 곱한 금액으로 한다.

제2절 매매 거래 계약의 체결 방법

제16조(매매 거래의 중개 업무)

회원간의 매매 거래 계약의 체결을 위한 중개 업무는 거래소가 행한다

제17조(매매 거래 계약의 체결)

회원간의 매매 거래 계약의 체결은 선물 시스템으로 행한다.

제18조(경쟁 매매의 원칙)

①매매 거래는 개별 경쟁 매매에 의한다.

②개별 경쟁 매매는 단일 가격에 의한 개별 경쟁 매매와 복수 가격에 의하나 개별 경쟁 매매로 구분한다.

③개별 경쟁 매매에서의 호가의 우선 순위는 다음 각호에서 정하는 바에 의한다.

 1. 낮은 가격의 매도 호가는 높은 가격의 매도 호가에 우선하고, 높은 가격의 매수 호가는 낮은 가격의 매수 호가에 우선한다.

 2. 가격이 동일한 호가의 우선 순위는 다음 각목에서 정하는 바에 의한다.

 가. 호가가 접수된 시간의 선후에 따라 먼저 접수된 호가가 나중에 접수된 호가에 우선한다.

 나. 동시 호가의 우선 순위는 세칙으로 정한다.

제2절 매매 거래 계약의 체결 방법

제11조(동시 호가의 우선 순위)

①규정 제18조 제3항 제2호의 나목의 규정에 의한 동시 호가의 우선 순위는 위탁 매매의 호가가 자기 매매의 호가에 우선하는 것으로 한다.

②위탁 매매의 호가간 및 자기 매매의 호가간의 우선 순위는 다음 각호에서 정하는 바에 따라 호가별로 많은 수량의 호가가 적은 수량의 호가(수량이 동일한 때에는 선물 시스템에 먼저 기록된 호가가 나중에 기록된 호가)에 우선하는 것으로 한다.

1. 제1순위

매매 거래 단위

2. 제2순위

매매 거래 단위의 5배

3. 제3순위

안분 비례 방식에 의하여 산출되는 수량. 다만 소수점 이하의 수치가 발생하는 때에는 소수점 셋째 자리에서 반올림한 후의 소수점 이하의 수치가 큰 순서(그 수치가 동일한 때에는 정수가 큰 순서, 정수도 동일한 때에는 당해 호가가 선물 시스템에 기록된 순서)로 하되 정수에 1을 더 한 수량으로 한다.

제19조(단일 가격에 의한 개별 경쟁 매매)

①다음 각호의 1에 해당하는 약정 가격의 결정은 단일 가격에 의한 개별 경쟁 매매에 의한다.

1. 전장 및 후장의 최초 약정 가격

2. 제21조 제2항 및 제22조 제2항의 규정에 의하여 매매 거래가 재개된 후의 최초 약정 가격

3. 매매 거래 최종일 도래하지 아니한 종목의 후장(후장 휴장일인 때에는 전장)의 최종 약정 가격

②제1항 각호의 약정 가격을 결정하기 위한 동시 호가의 범위는 세칙으로 정한다.

③제1항 각호의 약정 가격을 결정하는 경우에는 다음 각호에서 정하는 매도 호가의 합계 수량과 매수 호가의 합계 수량이 일정한 가격에서 합치하는 가격(이하 '합치 가격'이라 한다)을 약정 가격으로 하되 제18조 제3항의 규정에 의한 호가의 우선 순위에 따라 매매 거래를 성립시킨다.

1. 합치 가격보다 낮은 가격의 매도 호가의 모든 수량 및 합치 가격보다 높은 가격의 매수 호가의 모든 수량

2. 합치 가격의 호가에 대하여는 다음 각목에서 정하는 수량

가. 매도 호가 또는 매수 호가 중 어느 일방 호가의 모든 수량

나. 타방 호가가 있는 때에는 타방 호가의 매매 거래 단위 이상의 수량

④제3항의 규정에 의한 합치 가격이 2개 이상인 때의 약정 가격은 직전의 약정 가격(직전의 약정 가격이 없는 때에는 기준 가격으로 한다. 이하 이 항에서 같다)과 동일한 합치 가격이 있는 때에는 그 합치 가격으로 하고, 직전의 약정 가격과 동일한 합치 가격이 없는 때에는 직전의 약정 가격에 가장 가까운 합치 가격으로 한다.

⑤제3항이 규정에 불구하고 제3항 제1호 및 제2호 가목에서 정하는 매도 호가의 합계 수량과 매수 호가의 합계 수량이 일치하는 가

격이 2개인 때에는 제18조 제3항의 규정에 의한 호가의 우선 순위에 따라 매매 거래를 성립시킨다. 이 경우 제4항의 규정은 약정 가격의 결정에 준용한다.

제12조(동시 호가의 범위)

①규정 제19조 제2항의 규정에 의한 동시 호가의 범위는 다음 각 호의 1에 해당하는 시간(이하 '동시 호가 시간'이라 한다)에 접수된 호가와 그 전에 접수된 호가 중 매매 거래가 성립되지 아니한 호가로 한다. 다만, 당해 호가로 매매 거래가 성립되지 아니하는 때에는 매매 거래가 성립되는 때까지의 모든 호가로 한다.

1. 규정 제19조 제1항 제1호의 최초 약정 가격을 결정하는 때에는 전장과 후장의 매매 거래 시간의 개시 전 각각 90분간

2. 규정 제19조 제1항 제2호의 최초 약정 가격을 결정하는 때에는 매매 거래를 재개한 때부터 10분간. 다만, 규정 제21조의 규정에 의하여 매매 거래를 중단한 후 재개시의 최초 약정 가격을 결정하는 때에는 거래소가 그 때마다 정하는 시간으로 한다.

3. 규정 제19조 제1항 제3호의 최종 약정 가격을 결정하는 때에는 후장(후장 휴장일인 때에는 전장)의 매매 거래 시간의 종료 전 10분간

②거래소는 제1항의 규정에 불구하고 매매 거래 시간을 변경하거나 기타 시장 관리상 필요하다고 인정하는 때에는 도시 호가 시간을 변경할 수 있다.

제20조(복수 가격에 의한 개별 경쟁 매매)

①제19조 제1항 각호의 약정 가격 외의 약정 가격의 결정은 복수 가격에 의한 개별 경쟁 매매에 의한다.

②제1항의 약정 가격을 결정하는 경우에는 가장 높은 매수 호가의 가격이 가장 낮은 매도 호가의 가격 이상인 때에 먼저 접수된 호가의 가격을 약정 가격으로 하되 제18조 제3항의 규정에 의한 호가의 우선 순위에 따라 매매 거래를 성립시킨다.

제21조(매매 거래의 임의적 중단)

①거래소는 다음 각호의 1에 해당하는 경우에는 전부 또는 일부 종목의 매매 거래를 중단할 수 있다.

1. 선물 시스템의 장애가 세칙이 정하는 시간 이상 발생하여 정상적으로 매매 거래를 할 수 없는 경우

2. 주식 시장의 호가를 입력하는 시스템 또는 매매 거래 계약을 체결하는 시스템의 장애가 세칙이 정하는 시간 이상 발생하여 한국주가지수 200 구성 종목 중 세칙이 정하는 종목수 이상을 매매 거래하지 아니하는 경우

3. 제1호 및 제2호 외에 거래소가 시장 관리상 매매 거래를 계속하는 것이 곤란하다고 인정하는 경우

②거래소는 제1항의 규징에 의하여 매매 거래를 중단한 후 그 사유가 해소된 때에는 지체없이 매매 거래를 재개한다.

제13조(선물 시스템의 장애 발생 기간)

①규정 제21조 제1항 제1호 및 제2호에서 '세칙이 정하는 시간'이라 함은 10분을 말한다.

②규정 제21조 제1항 제2호에서 '세칙이 정하는 종목수'라 함은 100종목을 말한다.

제22조(매매 거래의 필요적 중단)

①거래소는 가격의 급변동 세칙이 정하는 경우에는 모든 종목의 매매 거래를 중단한다.

②거래소는 제1항이 규정에 의하여 매매 거래를 중단한 후 세칙이 정하는 시간이 경과한 때에는 즉시 매매 거래를 재개한다.

제14조(매매 거래의 필요적 중단의 경우)

①규정 제22조 제1항에서 '세칙이 정하는 경우'라 함은 전일의 약정 수량이 가장 많은 종목(그 종목이 2개 이상인 때에는 매매 거래 최종일이 가장 빨리 도래하는 종목)의 가격이 상한가 또는 하한가로 1분간 지속되는 경우를 말한다.

②규정 제22조 제2항에서 '세칙이 정하는 시간'이라 함은 5분을 말한다.

③제1항의 규정에 불구하고 다음 각호의 1에 해당하는 경우에는 매매 거래를 중단하지 아니한다.

1. 제1항에 해당하는 매매 거래를 중단하여 재개한 이후
2. 14시 20분 이후(후장 휴장일인 때에는 10시 50분 이후)

④거래소는 매매 거래 시간을 변경하거나 기타 시장 관리상 필요하다고 인정하는 때에는 제2항 및 제3항 제2호의 시간을 변경할 수 있다.

제23조(착오 매매의 정정)

①거래소는 매매 거래의 중개 업무를 행함에 있어서 다음 각호의 1에 해당하는 사유로 인하여 호가 내용에 부합되지 아니하게 성립

된 매매 거래(이하 '거래소 착오 매매'라 한다)를 정정할 수 있다.

 1. 선물 시스템의 장애

 2. 선물 시스템의 프로그램 운영상의 장애

②거래소는 회원이 주문의 접수, 호가의 입력 등을 행함에 있어서 발생한 착오로 인하여 주문 내용에 부합되지 아니하게 성립된 매매 거래(이하 '회원 착오 매매'라 한다)를 정정할 수 있다.

③거래소 착오 매매 및 회원 착오 매매의 정정 방법, 기타 필요한 사항은 세칙으로 정한다.

제15조(착오 매매의 정정 방법)

①규정 제23조 제3항의 규정에 의한 착오 매매의 정정은 회원의 자기 매매로 인수하게 하는 방법으로 한다. 다만, 위탁 매매와 자기 매매의 구분에 대한 회원 착오 매매는 그 구분에 부합되도록 정정한다.

②착오 매매의 정정은 회원이 착오 매매가 발생한 날의 다음날 전장의 매매 거래 시간의 개시 전 10분까지 별지 제1호 서식에 의하여 착오 매매의 정정을 신청하는 경우에 할 수 있다.

③거래소는 착오 매매의 정정과 관련된 자료를 10년간 보관한다.

제16조(거래소 착오 매매의 정정에 따른 손익의 정산 등)

①회원은 제15조 제1항의 규정에 의하여 거래소 착오 매매를 자기 매매로 인수한 때에는 지체없이 단일 가격에 의한 개별 경쟁 매매에 참여하는 호가로 전매 또는 환매를 하여야 한다.

②거래소는 제1항의 규정에 의한 전매 또는 환매에서 발생하는 손

익을 당해 회원과 정산한다. 이 경우 수수료·회비 기타 매매 거래에 수반되는 비용은 거래소의 손실로 계산한다.

③제2항의 규정에 의한 손익의 정산은 전매 또는 환매를 한 날부터 기산하여 3일째(규정 제4조 제1항 제1호·제2호 및 제4호의 휴장일인 일수의 계산시 산입하지 아니한다)의 날이 속하는 월의 마지막 날(휴장일인 때에는 순차적으로 앞당긴다)에 한다.

제3절 매매 거래 내용의 통지 등

제24조(매매 거래 내용의 통지)

①거래소는 매매 거래가 성립된 때에는 즉시 그 내용을 회원에게 통지한다.

②제1항의 규정에 의한 매매 거래 내용의 통지는 선물 시스템에 의하여 회원 선물 시스템·회원용 선물 단말기, 또는 회원용 선물 예비 단말기, 기타 방법으로 행한다.

③회원에게 통지하는 매매 거래 내용 기타 필요한 사항은 세칙으로 정한다.

제17조(매매 거래 내용의 통지 사항 및 보관 기간)

①규정 제24조 제3항의 규정에 의하여 회원에게 통지하는 매매 거래 내용은 다음 각호와 같다.

1. 회원명 또는 회원 번호

2. 전장과 후장의 구분

3. 호가 접수 번호

4. 종목

5. 약정 수량 및 약정 가격

6. 위탁 매매와 자기 매매의 구분

7. 제1호 내지 제6호 외에 거래소가 필요하다고 인정하는 사항

②거래소는 매매 거래 내용을 자기 디스크 또는 자기 테이프 등에 수록하여 10년간 보관한다.

제25조(매매 거래 내용의 확인)

①회원은 거래소가 통지한 매매 거래 내용을 즉시 확인하여야 한다.

②매매 거래 내용이 회원 선물 시스템·회원용 선물 단말기, 또는 회원용 선물 예비 단말기에 도달된 때에는 회원이 이를 확인한 것으로 본다.

제26조(시장 내 시세 게시)

거래소는 약정 가격·호가, 기타 세칙이 정하는 매매 거래 관련 사항을 시장에 게시한다.

제18조(시세 게시 사항)

규정 제26조의 규정에 의한 시장 내 시세 게시 사항은 종목별로 다음 각호에 해당하는 사항으로 한다.

1. 기준 가격

2. 현재의 약정 가격

3. 최우선 매도 호가의 가격 및 최우선 매수 호가의 가격. 다만,

> 동시 호가 시간에는 직전의 그 가격
> 4. 현재까지의 약정 수량
> 5. 제1호 내지 제4호 외에 거래소가 필요하다고 인정하는 사항

제5장 결제 방법

제1절 결제의 제한

제27조(거래소를 통한 결제)

회원은 거래소를 통하여 매매 거래의 결제를 하여야 한다.

제28조(결제의 위임 금지)

①회원은 거래소를 통하여 매매 거래의 결제를 함에 있어서 이를 제삼자에게 위임할 수 없다. 다만, 거래소가 다른 회원을 지정하는 경우에는 그러하지 아니하다.

② 제1항 단서의 규정에 의하여 결제를 위임하는 회원은 그 위임에 따른 책임을 져야 한다.

제4절 최종 결제

제33조(최종 결제 가격)

①회원은 매매 거래 최종일이 도래한 종목에 있어서 매매 거래 최

종일까지 전매 또는 환매하지 아니한 미결제 약정 수량(이하 '최종 결제 수량'이라 한다)에 대하여 최종 결제 가격으로 거래소와 결제하여야 한다.

②제1항의 최종 결제 가격은 매매 거래 최종일의 최종 한국주가지수 200으로 한다. 다만, 다음 각호의 1에 해당하는 경우에는 매매 거래 최종일의 다음날(후장일인 때에는 순연한다)의 한국주가지수 200 구성 종목의 최초 약정 가격(기세를 포함한다)을 기초로 하여 한국주가지수 200의 산출 방법에 따라 거래소가 산출하는 한국주가지수 200(이하 '특별 최종 결제 지수'라 한다)으로 한다.

1. 매매 거래 최종일에 한국주가지수 200이 없거나 이를 산출할 수 없는 경우

2. 기타 거래소가 필요하다고 인정하는 경우

제34조(최종 결제 차금의 수수)

회원은 매매 거래 최종일의 정산 가격과 최종 결제 가격과의 차에 최종 결제 수량을 곱하여 산출되는 수치에 50만원을 곱한 금액(이하 '최종 결제 차금'이라 한다)을 거래소를 통하여 수수하여야 한다.

제5절 차감 결제 및 결제 시한

제35조(차감 결제)

①회원이 거래소를 통하여 수수하는 금액은 당일 차금·갱신 차금 및 최종 결제 차금의 총 지급액과 총 수령액과의 차감액(이하 '차감

결제 금액'이라 한다)으로 한다.

②차감 결제 금액의 수수는 거래소가 금전을 지급할 의무가 있는 회원으로부터 금전을 수령하여 금전을 지급받을 권리가 있는 회원에게 지급하는 방법으로 한다.

③제2항의 규정에 의한 차감 결제 금액의 수수 방법은 세칙으로 정한다.

제4장 결제 방법

제21조(차감 결제 금액의 수수 방법)

규정 제35조 제3항의 규정에 의한 차감 결제 금액의 수수 방법은 다음 각호와 같다

1. 거래소는 차감 결제 금액을 지급한 의무가 있는 회원으로부터 현금(은행이 발행하는 자기앞 수표를 포함한다. 이하 같다)을 거래소가 지정하는 은행에 매매 거래의 결제를 위하여 개설한 거래소 명의의 계좌로 수령한다.

2. 거래소는 차감 결제 금액을 수령할 권리가 있는 회원에게 거래소가 지정하는 은행에 매매 거래와 결재를 위하여 개설한 당해 회원 명의의 계좌로 지급한다.

제36조(결제 시한)

①차감 결제 금액의 수수 시한은 차감 결제 금액이 발생한 날(특별 최종 결제 지수로 최종 결제하는 때에는 특별 최종 결제 지수의 산출일)

부터 기산하여 3일째(제4조 제1항 제1호·제2호 및 제4호의 휴장일은 일수의 계산시 산입하지 아니한다. 이하 같다)의 날 16시(토요일인 때에는 13시)까지로 한다.

②거래소는 제1항의 규정에 불구하고 시장 관리상 필요하다고 인정하는 때에는 차감 결제 금액의 수수일 또는 수수 시한을 변경할 수 있다.

제37조(결제 조건의 변경)

거래소는 천재·지변·사변, 또는 경제 사정의 급격한 변동, 기타 부득이한 사유로 결제가 불가능하거나 곤란하다고 인정하는 때에는 결제 조건을 변경할 수 있다.

제38조(결제 불이행시의 조치)

①거래소는 회원이 결제(차감 결제 금액의 수수를 말한다)를 이행하지 아니하거나 그 우려가 있다고 인정하는 때에는 일정한 기간을 정하여 당해 회원의 매매 거래를 정지하고 당해 회원이 수령할 금전의 전부 또는 일부를 지급하지 아니할 수 있다.

②거래소는 제1항의 규정에 의하여 회원에 대하여 매매 거래를 정지하는 때에는 거래소가 지정하는 다른 회원으로 하여금 당해 결제 불이행의 처리에 필요한 전매·환매, 또는 최종 결제를 하게 할 수 있다.

③거래소는 제1항의 규정에 의하여 회원에 대하여 금전을 지급하지 아니하는 때에는 당해 금전 또는 제39조 제1항의 규정에 의하여 당해 회원이 예탁한 매매 증거금을 결제 불이행 채무의 변제에 충

당할 수 있다.

④거래소는 제1항의 규정에 의하여 매매 거래가 정지된 회원으로 하여금 매매 거래 정지 기간 중에 당해 회원의 위탁받은 매매 거래 및 미결제 약정을 거래소가 지정하는 다른 회원에게 인계하게 할 수 있다.

제6절 매매 증거금

제39조(매매 증거금의 예탁)

①회원은 각 종목에 대하여 신규의 매도, 또는 매수가 성립한 때에는 다음 산식에 따라 산출되는 금액 이상을 매매 증거금으로 거래소에 예탁하여야 한다. 이 경우 회원의 재산과 회원이 아닌 자의 재산으로 구분하여 예탁하여야 한다.

매매 증거금 = 매매 증거금 기준 가격 × 50만원 × 매매 증거금률 × 매도 수량 또는 매수 수량

②회원이 제29조의 규정에 의하여 전매의 수량 또는 환매의 수량을 신고한 때에는 당해 신고된 전매의 수량은 신규의 매수 수량에서, 환매의 수량은 신규의 매도 수량에서 각각 차감한다. 다만, 당해 신고된 전매의 수량이 신규의 매수 수량을 초과하거나 환매의 수량이 신규의 매도 수량을 초과하는 때에는 당해 회원이 예탁한 매매 증거금에서 그 초과하는 수량의 매매 증거금에 상당하는 금액을 각

각 차감한다.

③회원은 제1항의 매매 증거금을 현금(은행이 발행한 자기앞 수표를 포함한다)에 갈음하여 유가 증권(이하 '대용 증권'이라 한다)으로 예탁할 수 있다. 이 경우 대용 증권에 관하여는 세칙이 정하는 것을 제외하고는 수탁 계약 준칙 제10조(대용 증권) 제2항의 규정을 준용한다.

④회원은 제1항의 매매 증거금을 신규의 매도 또는 매수를 한 날로부터 기산하여 3일째의 날 12시까지 예탁하여야 한다.

⑤거래소는 제4항의 규정에 불구하고 시장 관리상 필요하다고 인정하는 때에는 매매 증거금의 예탁일 또는 예탁 시한을 변경할 수 있다.

⑥제1항의 매매 증거금 기준 가격 및 매매 증거금률, 제3항의 대용 증권의 예탁 한도 및 예탁 방법, 기타 매매 증거금에 관하여 필요한 사항은 세칙으로 정한다.

제2절 매매 증거금

제22조(매매 증거금 기준 가격)

①규정 제39조 제6항의 규정에 의한 매매 증거금 기준 가격은 당해 종목의 매매 거래가 최초로 성립된 날의 정산 가격으로 한다.

②제1항의 규정에 불구하고 매매 증거금 기준 가격에서 그 후의 정산 가격을 뺀 수치를 매매 증거금 기준 가격으로 나눈 수치의 절대값이 100분의 30 이상이 되는 날 이후에는 매매 증거금 기준 가격을 그 날의 정산 가격으로 변경한다. 이 경우 변경일의 전일의 미

결제 약정에 대하여도 적용한다.

제23조(매매 증거금률 및 애용 증권의 예탁 한도)

①규정 제39조 제6항의 규정에 의한 매매 증거금률은 100분의 10으로 하고, 매매 증거금의 전액을 대용 증권으로 예탁할 수 있다.

②거래소는 제1항의 규정에 불구하고 시장 관리상 필요하다고 인정하는 때에는 매매 증거금률, 대용 증권의 예탁 한도를 변경할 수 있다. 이 경우 변경의 효력 발생일의 전일의 미결제 약정에 대하여도 적용한다.

제24조(매매 증거금의 예탁 및 인출 방법)

①규정 제39조 제6항의 규정에 의한 매매 증거금의 예탁 및 인출 방법은 다음 각호와 같다.

1. 현금의 경우

예탁은 거래소가 지정하는 은행에 매매 증거금의 예탁을 위하여 개설한 거래소 명의의 계좌로 입금하는 방법으로 행하고, 인출은 당해 거래소 명의의 계좌에서 매매 증거금의 수령을 위하여 당해 은행에 개설한 회원 명의의 계좌로 대체하는 방법으로 행한다.

2. 대용 증권의 경우

예탁은 증권 예탁원에 개설한 회원의 예탁자 계좌부에 기재되어 있는 예탁 유가 증권에 대하여 증권 거래법이 정하는 바에 따라 거래소가 질권을 취득하는 방법으로 행하고 인출은 당해 질권을 말소하는 방법으로 행한다.

②제1항의 규정에 의하여 거래소 명의의 계좌에 현금으로 예탁된

매매 증거금에서 발생하는 과실은 회원별로 매매 증거금에 산입한다. 이 경우 회원의 재산과 회원이 아닌 자의 재산으로 구분하여 산입한다.

③제1항 제1호의 규정에 의한 현금의 인출은 별지 제4호 서식에 의하고, 동항 제2호의 대용 증권의 예탁 및 인출은 별지 제5호 서식에 의한다.

제25조(대용 증권의 지정 제외)

규정 제39조 제3항의 규정에 의하여 증권 투자 신탁업법에 의하여 위탁 회사가 발행하는 수익 증권은 대용 증권으로 지정하지 아니한다.

제6장 시장 관리 및 회원 감리

제40조(미결제 약정 수량 등의 제한)

거래소는 시장 관리상 필요하다고 인정하는 때에는 회원에 대하여 종목별 또는 매도·매수별로 미결제 약정 수량을 제한하거나 기타 필요한 조치를 할 수 있다.

제41조(회원의 보고 및 자료 제출)

거래소는 시장 관리상 필요하다고 인정하는 때에는 회원에 대하여 매매 거래에 관한 보고 또는 자료의 제출을 요구할 수 있다.

제42조(회원에 대한 통지 사항)

거래소는 다음 각호의 1에 해당하는 사항을 회원에게 통지한다.

1. 주가 지수 선물 거래 업무 규정 및 동 세칙, 주가 지수 선물 거래 수탁 계약 준칙 및 동 시행 세칙 기타 매매 거래 관련 규정의 제정 및 개폐

2. 제4조 제1항 제4호의 휴장일 및 동조 제2항 제3호의 후장 휴장일, 동조 제3항이 규정에 의한 임시 개장일

3. 제5조의 규정에 의한 시장의 임시 폐장

4. 제7조 제5항의 규정에 의한 매매 거래 최종일, 매매 거래 기간 및 매매 거래 개시 일의 변경

5. 제21조 및 제22조의 규정에 의한 매매 거래의 중단 및 재개

6. 제36조 제2항의 규정에 의한 차감 결제 금액의 수수일 및 수수 시한의 변경

7. 제37조의 규정에 의한 결제 조건의 변경

8. 제39조 제5항의 규정에 의한 매매 증거금의 예탁일 및 예탁 시한의 변경

9. 회원의 매매 거래 정지 및 그 해제

10. 제45조의 규정에 의한 매매 거래 담당자의 등록 및 제47조의 규정에 의한 매매 거래 담당자의 등록의 취소·정지

11. 제1호 내지 제10호 외에 세칙으로 정하는 사항

제5장 시장 관리 및 회원 감리

제26조(회원에 대한 통지 사항)

규정 제42조 11호의 규정에 의한 회원에 대한 통지 사항은 다음 각호의 1에 해당하는 사항으로 한다.

1. 제3조 제2항의 규정에 의한 매매 거래 시간의 변경 및 제5조 제3항의 규정에 의한 호가 접수 시간의 변경

2. 제7조 제4항의 규정에 의한 가격 제한폭의 변경

3. 제12조 제2항이 규정에 의한 동시 호가 시간의 변경

4. 제14조 제4항의 규정에 의하여 매매 거래를 중단하는 시간 및 중단하지 아니하는 시간의 변경

5. 제23조 제2항의 규정에 의한 매매 증거금률 및 대용 증권의 예탁 한도의 변경

6. 제1호 내지 제5호 외에 거래소가 필요하다고 인정하는 사항

세43조(회원에 대헌 감리)

①거래소는 시장 관리상 필요하다고 인정하는 때에는 회원에 대하여 매매 거래에 관련된 업무 또는 재산 상황을 감리할 수 있다.

②거래소는 매매 거래의 가격의 공정한 형성과 안정을 기하기 위하여 시장에서 이상 매매의 혐의가 있다고 인정되는 회원의 매매 거래 상황을 감리할 수 있다.

③거래소는 제1항 및 제2항의 규정에 의하여 감리하는 때에는 회원에 대하여 매매 거래와 관련된 업무 또는 재산 상황에 관한 보고,

참고 자료의 제출, 사실과 상황에 대한 진술서의 제출 및 증언을 위한 출석을 요구할 수 있으며, 소속 직원으로 하여금 매매 거래와 관련된 업무·재산 상황·장부·서류, 기타 물건을 감리하게 할 수 있다.

④거래소는 제2항의 규정에 의하여 감리하는 경우 증권 회사가 위탁 주선한 매매 거래에 대하여는 그 사유를 명시한 서면으로 당해 증권 회사에 대하여 관련 자료의 제출을 요구할 수 있다.

⑤제1항 내지 제4항 외에 회원 감리와 관련하여 거래소가 징구하는 감리 자료·매매 거래 감시, 기타 필요한 사항은 세칙으로 정한다.

제27조(감리 자료)

①규정 제43조 제5항의 규정에 의하여 거래소가 징구하는 감리 자료는 다음 각호와 같다.

1. 별지 제6호 서식에 의한 위탁자 매매 거래 현황
2. 주문표
3. 매매 거래 계좌 설정 약정서 및 매매 거래 계좌 관리 대장
4. 매매 거래 설명서 교부 확인서
5. 고객 계좌 원장
6. 자기 매매 원장
7. 입·출금 전표 및 수표 번호 기입장
8. 단말기 입·출력 기록지(로깅 시트)
9. 위탁 증거금으로 징수한 대용 증권 명세표
10. 제1호 내지 제9호 외에 회원 감리에 필요한 자료

②회원은 제1항 각호의 감리 자료를 서면·자기 디스크·자기 테이프·디스켓, 기타 거래소가 요구하는 방법으로 제출하여야 한다.

제28조(매매 거래 감시)

규정 제43조 5항의 규정에 의한 매매 거래 감시는 거래소가 시장에서 이상 매매의 혐의가 있다고 인정되는 매매 거래를 적출하기 위하여 매매 거래 상황 및 이와 관련한 풍문·정보를 수집·조사 또는 분석하는 등의 방법으로 행할 수 있다.

제44조(업무 규정의 준용)

회원 감리에 관하여 제43조에서 규정하는 것을 제외하고는 업무 규정 제39조(회원에 대한 감리) 제4항, 제41조(회원 및 임직원의 징계 등), 제42조(재심 청구), 제43조(조치 사항 등의 사후 관리) 및 제44조(규율 위원회)의 규정을 준용한다. 이 경우 제41조 제1항 중 '제39조'는 '주가 지수 선물 거래 업무 규정 제43조'로, '업무 규정·수탁 계약 준칙'은 '주가 지수 선물 거래 업무 규정·주가 지수 선물 거래 수탁 계약 준칙'으로 본다.

제29조(업무 규정 시행 세칙의 준용)

회원 감리에 관하여 제27조 및 제28조에서 규정하는 것을 제외하고는 업무 규정 시행 세칙 제48조(회원 감리의 구분), 제49조(회원 감리 실시의 방법), 제50조(감리 자료 징구), 제3항, 제51조(감리 증표 등), 제52조(감리 요원 등), 제53조(감리 요원의 준수 의무), 제54조(임·직원의 출석 요구), 제55조(입증 자료의 징구 등), 제58조(회원 감리 결과 보고 및 조치 방법), 제59조(회원에 대한 조치 기준 등), 제60조(관련자 구분), 제61조(현지 조치), 제62조(조치 요구 사항의 처리) 및 제63조(재심 청구의 신청 및 처리)의 규정을 준용한다. 이 경우 제48조 제1항 중 '제39조'는 '주가 지수 선물 거래 업무 규정 제43조'로 본다.

제7장 매매 거래 담당자

제45조(매매 거래 담당자)

①회원은 회원을 대리하여 전매 또는 환매의 신고, 착오 매매의 정정 신청, 기타 매매 거래 관련 업무를 행하는 자(이하 '매매 거래 담당자'라 한다)를 2인 이상 지정하여 거래소에 등록하여야 한다.

②회원은 매매 거래 담당자로 등록하지 아니한 자로 하여금 매매 거래 담당자의 직무를 행하게 하지 못한다.

③거래소는 매매 거래 담당자로 등록하고자 하는 자가 제47조의 규정에 의하여 매매 거래 담당자의 등록이 취소된 날부터 1년이 경과하지 아니한 때에는 그 등록을 거부할 수 있다. 다만, 동조 제4호 및 제5호의 해당하여 등록이 취소된 때에는 그러하지 아니하다.

④매매 거래 담당자로 등록하고자 하는 자의 자격, 기타 필요한 사항은 세칙으로 정한다.

제6장 매매 거래 담당자

제30조(매매 거래 담당자의 등록 자격)

규정 제45조 제4항의 규정에 의하여 매매 거래 담당자로 등록하고
자 하는 자는 회원의 직원으로서 한국증권연수원이 실시하는 매매
거래에 관한 교육을 이수하고 시험에 합격한 자이어야 한다.

제31조(매매 거래 담당자의 등록)

회원은 규정 제45조 제4항의 규정에 의하여 매매 거래 담당자를
등록하고자 하는 때에는 별지 제7호 서식에 의하여 매매 거래 담당
자 등록 신청서를 거래소에 제출하여야 한다.

제46조(매매 거래 책임자)

①회원은 매매 거래 담당자 중에서 매매 거래 책임자 1인을 지정
하여 거래소에 통지하여야 한다.

②매매 거래 책임자는 회원용 선물 단말기의 설치 장소에 상주하
여야 한다.

③회원은 매매 거래 책임자가 일시적으로 그 직무를 수행할 수 없
는 때에는 지체없이 임시로 그 직무를 수행할 자를 지정하여 거래
소에 통지하여야 한다.

제47조(매매 거래 담당자의 등록 취소 등)

거래소는 매매 거래 담당자가 다음 각호의 1에 해당하는 때에는
그 등록을 취소하거나 6월 이내의 기간을 정하여 그 자격을 정지할
수 있다. 다만, 제4호 및 제5호의 경우에는 자격을 정지하지 아니한
다.

1. 부정한 수단에 의하여 매매 거래 담당자로 등록한 때

2. 매매 거래에 관한 법령 또는 법령에 의한 처분이나 거래소의 매매 거래에 관한 규정을 위반한 때

3. 직무와 관련하여 부당한 행위를 하였거나 직무를 태만히 하는 등 매매 거래 담당자의 직무 수행이 곤란하다고 인정되는 때

4. 지점장 취임·퇴직 기타 사유로 매매 거래 담당자의 직무를 행하지 아니하게 되는 때

5. 소속 회원으로부터 등록 취소의 신청이 있는 때

제8장 보칙 .

제48조(선물 시스템을 가동할 수 없는 경우의 비상 조치)

선물 시스템을 가동할 수 없는 경우에 거래소가 필요하다고 인정하는 때에는 선물 시스템 외의 방법으로 매매 거래 계약을 체결할 수 있다. 이 경우 매매 거래 계약의 체결에 관하여 필요한 사항은 거래소가 그 때마다 정한다.

제49조(최종 결제 가격 등의 재산출 및 손해 배상 청구권의 배제)

①거래소는 차감 결제 금액의 수수시 한전에 정산 가격(제30조 제3항의 규정에 의한 정산 가격을 말한다. 이하 같다) 또는 최종 결제 가격에 잘못이 있는 때에는 정산 가격 또는 최종 결제 가격을 다시 산출할 수 있다.

②회원은 거래소가 고의 또는 중대한 과실 없이 정산 가격 또는

최종 결제 가격을 다시 산출하거나 한국주가지수 200을 잘못 산출하여 손해를 입은 때에는 거래소에 대하여 손해 배상을 청구할 수 없다.

제50조(위약 손해 배상 공동 기금의 적립 금액 및 적립 한도)

①증권 거래법 시행령 제48조의 규정에 의한 위약 손해 배상 공동 기금(이하 '배상 기금'이라 한다)의 적립 금액은 약정 금액의 합계액에 10만분의 0.15를 곱한 금액으로 한다.

②증권 거래법 시행령 제49조 제1항 단서의 규정에 의한 배상 기금의 적립 한도는 역년 기준에 의한 전년도의 시장에서의 회원별 약정 금액의 300분의 0.5에 해당하는 금액과 전년도까지 매매 거래와 관련하여 적립된 총 배상 기금을 적립한 회원수로 나눈 금액 중 많은 금액으로 한다.

③제1항 및 제2항에서 '약정 금액'이라 함은 약정 가격에 50만원을 곱하여 산출된 금액에 약정 수량을 곱한 금액을 말한다. 다만, 최종 결제의 경우에는 최종 결제 가격에 50만원을 곱하여 산출된 금액에 최종 결제 수량을 곱한 금액을 말한다.

④거래소는 매매 거래와 관련하여 적립된 배상 기금을 그 외의 배상 기금과 구분하여 계리하여야 한다.

⑤회원은 제1항의 배상 기금을 제36조의 규정에 의한 차감 결제 금액의 수수 시한까지 적립하되 10만원 미만은 이를 절사한다.

제51조(세칙)

이 규정의 시행에 관하여 필요한 사항은 세칙으로 정한다.

부 칙

시행일

이 규정은 1996년 3월 18일부터 시행한다. 다만, 제6조, 제33조 제2항 및 제49조 제2항의 규정은 거래소가 증권관리위원회로부터 매매 거래를 위하여 한국 주가 지수 200의 상장 승인을 얻은 날의 다음날부터 시행한다.

매매 거래 개시일의 특례

제7조 제3항 및 제4항의 규정에 불구하고 다음 각호의 날을 매매 거래 최종일로 하는 종목의 매매 거래 개시일은 1996년 5월 3일로 한다.

1. 1996년 6월 13일
2. 1996년 9월 12일
3. 1996년 12월 12일
4. 1997년 3월 13일

시행일

이 세칙은 1996년 3월 18일부터 시행한다.

매매 거래 담당자의 자격에 대한 경과 조치

이 세칙의 시행 전에 거래소가 실시한 매매 거래에 관한 교육을 이수하고 시험에 합격한 자는 제30조의 규정에 의하여 한국증권연수원이 실시하는 매매 거래에 관한 교육을 이수하고 시험에 합격한 자로 본다.

■은 시행세칙입니다.

제 9 부
주가 지수 선물 거래 수탁 계약 준칙·시행 세칙

제1장 총칙

제1조(목적)

이 준칙은 증권 거래법(이하 '법'이라 한다) 제110조의 규정에 의하여 한국증권거래소(이하 '거래소'라 한다)의 회원(이하 '회원'이라 한다)이 유가 증권 시장에서의 주가 지수 선물 거래의 수탁에 관하여 필요한 사항을 규정함을 목적으로 한다.

제1조(목적)

이 세칙은 주가 지수 선물 거래 수탁 계약 준칙(이하 '준칙'이라 한다)에서 위임된 사항과 그 시행에 관하여 필요한 사항을 규정함을 목적으로 한다.

제2조(정의)

①이 준칙에서 '매매 거래'라 함은 주가 지수 선물 거래 업무 규정(이하 '규정'이라 한다)이 정하는 기준과 방법에 따라 당사자가 사전에 정한 주가 지수의 수치(이하 '약정 가격'이라 한다)와 장래의 일정한 시기에 현실로 나타나는 주가 지수의 수치(규정 제33조의 규정에 의한 최종 결제 가격을 말한다. 이하 '최종 결제 가격'이라 한다)와의 차에 의하여 산출되는 금전의 수수를 약정하는 거래를 말한다.

②이 준칙에서 '시장'이라 함은 매매 거래를 위하여 거래소가 개설하는 주가 지수 선물 시장을 말한다.

③이 준칙에서 '매도'라 함은 최종 결제 가격이 약정 가격보다 낮은 경우에는 금전을 수령하고, 높은 경우에는 금전을 지급하는 당사자로 되는 매매 거래를 말한다.

④이 준칙에서 '매수'라 함은 최종 결제 가격이 약정 가격보다 높은 경우에는 금전을 수령하고, 낮은 경우에는 금전을 지급하는 당사자로 되는 매매 거래를 말한다.

⑤이 준칙에서 '전매'라 함은 동일 종목에 대하여 매수의 미결제 약정을 보유한 당사자가 당해 매수의 미결제 약정을 소멸시키기 위하여 행하는 매도를 말한다.

⑥이 준칙에서 '환매'라 함은 동일 종목에 대하여 매도의 미결제 약정을 보유한 당사자가 당해 매도의 미결제 약정을 소멸시키기 위하여 행하는 매수를 말한다.

⑦이 준칙에서 '가격'이라 함은 주가 지수의 수치를 말한다.

제2장 매매 거래 계좌의 설정

제3조(매매 거래 계좌의 설정)

①회원은 위탁자로부터 매매 거래의 위탁을 받는 때에는 미리 위탁자와 매매 거래 계좌를 설정하여야 한다. 이 경우 회원은 위탁자의 투자 목적 · 투자 경험, 기타 시행 세칙(이하 '세칙'이라 한다)이 정하는 사항이 기재된 위탁자 파악 서면을 위탁자로부터 징구하여 기록 · 유지하여야 한다.

②회원은 제1항의 규정에 의하여 위탁자와 매매 거래 계좌를 설정하고자 하는 때에는 별지 서식에 의한 매매 거래 계좌 설정 약정서로 매매 거래 계좌 설정 계약을 체결하여야 한다. 다만, 위탁자 파악 서면의 기재사항을 감안하여 위탁자가 매매 거래를 하는 것이 적절하지 아니하다고 인정되는 경우에는 그러하지 아니하다.

③회원은 관계 법규에 저촉되지 아니하는 범위 안에서 제2항의 매매 거래 계좌 설정 약정서에 규정된 사항 외의 사항에 대하여 위탁자와 약정할 수 있다.

1. 개인·기관 투자자·일반 법인 등 위탁자의 구분
2. 위탁자의 투자 목적
3. 위탁자의 투자 경험
4. 위탁자의 자산 및 소득 수준
5. 위탁자의 신용 상태
6. 제1호 내지 제5호 외에 회원이 필요하다고 인정하는 사항

제4조(매매 거래 설명서의 교부)

①회원은 제3조 제2항의 규정에 의하여 위탁자와 매매 거래 계좌 설정 계약을 체결하고자 하는 때에는 미리 위탁자에게 매매 거래의 개요·위험·거래 내역 및 잔고의 통지·확인, 기타 사항이 기재된 서면(이하 '매매 거래 설명서'라 한다)을 교부하여야 한다.

②회원은 제1항의 규정에 의하여 위탁자에게 매매 거래 설명서를 교부하는 때에는 위탁자가 매매 거래 설명서를 충분히 숙지한 후 자신의 판단과 책임으로 매매 거래를 행한다는 취지가 기재된 서면 (이하 '매매 거래 설명서 교부 확인서'라 한다)을 위탁자로부터 징구하여야 한다.

③위탁자는 매매 거래 설명서 교부 확인서에 성명 또는 명칭을 기재하고 서명 또는 날인하여야 한다.

제5조(문서에 의한 수탁)

①회원은 위탁자로부터 매매 거래의 위탁을 받는 때에는 다음 각 호의 사항이 기재된 주문표를 당해 위탁자로부터 접수하여야 한다.
1. 종목

2. 매도(신규의 매도와 전매로 구분한다)와 매수(신규의 매수와 환매로 구분한다)의 구분

3. 수량

4. 가격

5. 전매 또는 환매에 의하여 소멸시키고자 하는 미결제 약정을 지정하는 때에는 그 미결제 약정의 가격 및 수량

6. 매매 거래를 행하는 시기

7. 위탁 주문의 유효 기간

②위탁자는 제1항의 주문표에 성명 또는 명칭을 기재하고 서명 또는 날인하여야 한다.

제6조(전화 등에 의한 수탁)

회원이 전화·팩시밀리, 기타 방법에 의하여 매매 거래의 위탁을 받는 때에는 그 위탁을 받는 임원 또는 직원은 즉시 주문표에 제5호 제1항 각호의 사항을 기재한 후 성명을 기재하고 서명 또는 날인하여야 한다.

제7조(위탁 주문의 처리)

회원은 제5조 및 제6조의 규정에 의하여 매매 거래의 위탁을 받은 때에는 즉시 그 시간을 주문표에 기재하고 기재된 시간의 순서에 따라 호가를 하여야 한다.

제8조(수탁의 거부)

①회원은 다음 각호의 1에 해당하는 때에는 매매 거래의 수탁을

거부하여야 한다.

1. 거래소가 시장 관리상 필요하다고 인정하여 종목별 또는 매도·매수별로 미결제 약정 수량을 제한하는 경우, 그 제한 수량을 초과하는 자로부터 매매 거래의 위탁을 받는 때

2. 공익과 투자자 보호 또는 시장에서의 매매 거래 질서의 안정을 위하여 필요하다고 인정하는 때

②회원은 위탁증 거금의 예탁 또는 결제 금액의 납부를 불이행한 자로부터 매매 거래의 위탁을 받는 때에는 그 수탁을 거부할 수 있다.

③회원은 제1항 및 제2항의 규정에 의하여 매매 거래의 수탁을 거부한 때에는 그 이유를 주문표에 기재하여야 한다.

제9조(매매 거래 내용의 통지)

①회원은 위탁을 받은 주문의 매매 거래가 성립된 때에는 그 종목·수량·가격·매도, 또는 매수의 구분, 기타 매매 거래 내용을 지체없이 위탁자에게 통지하여야 한다.

②제1항의 규정에 의하여 매매 거래 내용을 통지한 자는 그 통지 내용을 주문표에 기록한 후 성명을 기재하고 서명 또는 날인하여야 한다.

제10조(위탁 주문 정보의 이용 금지)

회원은 위탁을 받은 주문의 호가를 하기에 앞서 그 주문의 정보를 이용하여 자기 또는 제삼자의 계산으로 호가를 하여서는 아니된다.

제3장 위탁 증거금

제1절 위탁 증거금의 징수

제11조(위탁 증거금의 징수)

①회원은 신규의 매매 거래의 위탁을 받는 때에는 위탁자로부터 위탁 금액(위탁 가격에 위탁 수량을 곱한 수치에 50만원을 곱한 금액을 말한다. 이하 같다)에 위탁 증거금률을 곱한 금액 이상을 위탁 증거금으로 징수하여야 한다. 다만, 위탁을 받는 때에 당해 위탁자의 취탁 증거금이 없는 경우로서 위탁 금액에 위탁 증거금률을 곱한 금액이 세칙이 정하는 금액(이하 '최소 위탁 증거금'이라 한다) 미만인 때에는 최소 위탁 증거금 이상을 취탁 증거금으로 징수하여야 한다.

②위탁 증거금은 현금에 갈음하여 제1항의 규정에 의하여 징수하는 금액에서 위탁 금액에 현금 위탁 증거금률을 곱한 금액(이하 '현금 위탁 증거금'이라 한다)을 뺀 금액에 대하여는 유가 증권(이하 '대용 증권'이라 한다)으로 징수할 수 있다.

③제1항의 위탁 증거금률, 제2항의 현금 위탁 증거금률, 기타 필요한 사항은 세칙으로 정한다.

제4조(위탁 증거금률 등)

①준칙 제11조 제1항의 규정에 의한 최소 위탁 증거금은 3천만원을 최저 금액으로 하여 회원이 정한다.

②준칙 제11조 제3항의 규정에 의한 위탁 증거금률은 100분의 15를 최저율로 하여 회원이 정한다.

③준칙 제11조 제3항의 규정에 의한 현금 위탁 증거금률은 100분의 5를 최저율로 하여 회원이 정한다.

④거래소는 제1항 내지 제3항의 규정에 불구하고 시장 관리상 필요하다고 인정하는 때에는 제1항의 최저 금액, 제2항 및 제3항의 최저율을 변경할 수 있다. 이 경우 변경의 효력 발생일의 전일의 미결제 약정에 대하여도 적용한다.

제12조(위탁 증거금 등의 산정 기준의 변경)

제11조의 규정에 불구하고 신규의 매매 거래의 위탁 수량 중 약정 수량에 대하여는 약정 금액(약정 가격에 당해 약정 수량을 곱한 수치에 50만원을 곱한 금액을 말한다. 이하 같다)을 기준으로 위탁 증거금 및 현금 위탁 증거금을 산정한다.

제13조(대용 증권)

제11조 제2항의 대용 증권에 관하여는 세칙이 정하는 것을 제외하고는 수탁 계약 준칙 제10조(대용 증권) 제2항의 규정을 준용한다.

제5조(대용 증권의 지정 제외)

준칙 제13조의 규정에 의하여 증권 투자 신탁업법에 의하여 위탁 회사가 발행하는 수익 증권은 대용 증권으로 지정하지 아니한다.

제2절 위탁 증거금 등의 지급 또는 충당의 제한

제14조(평가 이익 또는 평가 손실의 계산)

①회원은 매일 위탁자의 평가 이익 또는 평가 손실을 계산하여야 한다.

②제1항의 평가 이익은 전일(당일의 매매 거래가 종료된 때에는 당일로 한다. 이하 같다)까지의 미결제 약정의 약정 가격과 전일의 정산 가격과의 차에 의하여 산출되는 이익(위탁자가 수령할 결제 금액 중 결제 시한이 도래하지 아니한 금액을 포함한다. 이하 같다)의 합계액이 그 손실(위탁자가 지급할 결제 금액 중 결제 시한이 도래하지 아니한 금액을 포함한다. 이하 같다)의 합계액을 초과하는 경우 그 초과 금액으로 한다.

③제1항의 평가 손실은 전일까지의 미결제 약정의 약정 가격과 전일의 정산 가격과의 차에 의하여 산출되는 손실의 합계액이 그 이익의 합계액을 초과하는 경우 그 초과 금액으로 한다.

④제2항 및 제3항에서 '정산 가격'이라 함은 규정 제30조의 규정 의한 정산 가격을 말한다.

제15조(평가 이익의 지급 또는 충당의 금지)

회원은 평가 이익에 해당하는 현금 또는 대용 증권을 위탁자에게 지급하거나 위탁자로부터 징수하여야 할 위탁 증거금에 충당하여서는 아니된다.

제16조(위탁 증거금의 지급 또는 충당의 제한)

회원은 위탁 증거금으로 징수한 현금 또는 대용 증권을 위탁자에게 지급하거나 위탁자로부터 징수하여야 할 위탁 증거금에 충당하여서는 아니 된다. 다만, 다음 각호의 1에 해당하는 현금 또는 대용 증권은 그러하지 아니하다.

1. 평가 예탁 총액(당해 위탁자로부터 예탁받은 현금과 대용 증권의 대용 가격과의 합계액에서 평가 손실을 뺀 금액을 말한다. 이하 같다)이 다음 각목에 해당하는 금액의 합계액에 위탁 증거금률을 곱한 금액(지급하는 경우로서 그 금액이 최소 위탁 증거금 미만인 때에는 당해 최소 위탁 증거금)을 초과하는 경우, 그 초과 금액(이하 '위탁 증거금 초과액'이라 한다)에 상당하는 대용 증권

가. 신규의 매도 또는 대용 증권

나. 미결제 약정의 약정 금액

다. 전매·환매 또는 최종 결제에 의하여 소멸되었으나 결제 시한이 도래하지 아니한 미결제 약정의 약정 금액

2. 평가 예탁 현금(당해 위탁자로부터 예탁받은 현금에서 평가 손실을 뺀 금액을 말한다. 이하 같다)이 제1호 각목에 해당하는 금액의 합계액에 현금 위탁 증거금률을 곱한 금액을 초과하는 경우, 그 초과 금액(이하 '현금 위탁 증거금 초과액'이라 한다)과 위탁 증거금 초과액 중 적은 금액의 현금

3. 현금 위탁 증거금 초과액을 대용 증권으로 교환하는 경우 당해 대용 증권에 상당하는 현금

4. 위탁 증거금으로 징수된 대용 증권을 현금 또는 다른 종목의 대용 증권으로 교환하는 경우 당해 현금 또는 다른 종목의 대용 증권에 상당하는 대용 증권

제3절 위탁 증거금의 추가 징수

제17조(위탁 증거금의 추가 징수)

①회원은 위탁자의 평가 예탁 총액의 부족액와 평가 예탁 현금의 부족액 중 어느 일방이 당해 위탁자의 미결제 약정의 약정 금액에 위탁 증거금률에서 세칙이 정하는 율(이하 '유지 위탁 증거금률'이라 한다)을 뺀 율을 곱한 금액을 초과하는 때에는 평가 예탁 총액의 부족액과 평가 예탁 현금의 부족액 중 큰 금액을 위탁 증거금으로 추가 징수하여야 한다. 이 경우 평가 예탁 현금의 부족액은 현금으로 추가 징수하여야 한다.

②제1항의 평가 예탁 총액의 부족액은 평가 예탁 총액에서 미결제 약정의 약정 금액에 위탁 증거금률을 곱한 금액을 뺀 경우의 부족액으로 하며, 평가 예탁 현금의 부족액은 평가 예탁 현금에서 미결제 약정의 약정 금액에 현금 위탁 증거금률을 곱한 금액을 뺀 경우의 부족액으로 한다.

③제1항의 규정에 의한 위탁 증거금의 추가 징수는 그 부족액이 발생한 날의 다음날(규정 제4조 제1항 제1호·제2호 및 제4호의 휴장일인 때에는 순연한다) 12시(동조 제2항의 후장 휴장일인 때에는 10시 30분)까지 하여야 한다.

④거래소는 제3항의 규정에 불구하고 시장 관리상 필요하다고 인정하는 때에는 위탁 증거금의 추가 징수일 또는 추가 징수 시한을 변경할 수 있다.

제6조(유지 위탁 증거금률)

①준칙 제17조 제1항의 규정에 의한 유지 위탁 증거금률은 100분의 10으로 한다.

②거래소는 제1항의 규정에 불구하고 시장 관리상 필요하다고 인정하는 때에는 유지 위탁 증거금률을 변경할 수 있다. 이 경우 변경의 효력 발생일의 전일의 미결제 약정에 대하여도 적용한다.

제18조(위탁 증거금의 추가 납부 불이행시의 조치)

①회원은 위탁자가 위탁 증거금을 추가로 납부하지 아니하는 때에는 미결제 약정을 시장에서의 단일 가격에 의한 개별 경쟁 매매에 참여하는 호가로 전매 또는 환매를 하거나 위탁 증거금으로 징수한 대용 증권을 매도할 수 있다. 이 경우 상장 주권에 대하여는 유가 증권 시장에서의 단일 가격에 의한 개별 경쟁 매매에 참여하는 호가로 매도하여야 한다.

②회원은 제1항의 규정에 의하여도 부족액이 발생하는 때에는 당해 위탁자에게 그 부족액의 납부를 청구할 수 있다.

제4장　결　제

제19조(전매 또는 환매에 의한 결제)

①회원은 위탁자로부터 위탁받은 전매 또는 환매의 주문에 대하여 매매 거래가 성립된 때에는 당해 전매의 수량 또는 환매의 수량을 매매 거래 종료 후 지체없이 거래소에 신고하여야 한다.

②제1항의 규정에 의하여 회원이 거래소에 신고한 전매의 수량은 당해 위탁자의 매수 미결제 약정 수량에서, 환매의 수량은 당해 위탁자의 매도 미결제 약정 수량에서 각각 차감하여 결제를 한다.

③제2항의 규정에 의하여 회원과 위탁자 간에 수수하는 결제 금액은 다음 각호에 해당하는 금액으로 한다.

1. 전매에 의한 결제 금액

전매의 약정 가격과 전매에 의하여 소멸되는 매수 미결제 약정의 약정 가격과의 차에 전매의 수량을 곱한 수치에 50만원을 곱한 금액

2. 환매에 의한 결제 금액

환매의 약정 가격과 환매에 의하여 소멸되는 매도 미결제 약정의 약정 가격과의 차에 환매의 수량을 곱한 수치에 50만원을 곱한 금액

제20조(최종 결제)

①회원은 위탁자가 매매 거래 최종일(규정 제7조 제2항의 매매 거래 최종일을 말한다. 이하 같다)까지 전매하지 아니한 매수 미결제 약정(이하 '최종 매도 미결제 약정'이라 한다) 또는 환매하지 아니한 매도 미결제 약정(이하 '최종 매도 미결제 약정'이라 한다)에 대하여는 최종 결제 가격으로 당해 위탁자와 결제(이하 '최종 결제'라 한다)를 한다.

②최종 결제를 하는 경우에 회원과 위탁자 간에 수수하는 결제 금액은 다음 각호에 해당하는 금액으로 한다

1. 최종 매수 미결제 약정에 대한 최종 결제 금액

최종 결제 가격과 최종 매수 미결제 약정의 약정 가격과의 차에 최종 매수 미결제 약정의 약정 수량을 곱한 수치에 50만원을 곱한 금액

2. 최종 매도 미결제 약정에 대한 최종 결제 금액

최종 결제 가격과 최종 매도 미결제 약정의 약정 가격과의 차에 최종 매도 미결제 약정의 약정 수량을 곱한 수치에 50만원을 곱한 금액

제21조(결제 시한)

①회원과 위탁자는 제19조 제3항 및 제20조 제2항의 규정에 의한 결제 금액을 전매·환매, 또는 최종 결제를 한 날로부터 기산하여 3일째(규정 제4조 제1항,제1호·제2호 및 제4호의 휴장일은 일수의 계산시 산입하지 아니한다. 이하 같다)의 날 12시까지 수수하여야 한다.

②회원은 제1항의 규정에 의하여도 부족액이 발생하는 때에는 그 부족액의 납부를 당해 위탁자에게 청구할 수 있다.

제5장 위탁 수수료

제23조(위탁 수수료의 징수)

①회원은 위탁자로부터 위탁을 받은 주문에 대하여 매매 거래가 성립된 때 또는 최종 결제된 때에는 당해 위탁자로부터 위탁 수수료를 징수한다.

②제1항의 위탁 수수료의 율은 세칙이 정하는 율 이내에서 회원이 정한다.

③회원은 제2항의 규정에 의하여 위탁 수수료율을 정한 때에는 그 적용일 7일 전에 거래소에 통지하여야 한다. 이를 변경하는 때에도

또한 같다.

④제1항의 위탁 수수료의 계산 방법, 기타 필요한 사항은 세칙으로 정한다.

제7조(위탁 수수료율)

준칙 제23조 제2항의 규정에 의한 위탁 수수료율은 다음 각호와 같다.

1. 일반 위탁 수수료율

약정 금액의 0.09%

2. 특별 위탁 수수료율

회원이 매매 거래에 대한 증권업의 허가를 받은 증권 회사(법 제28조의2 제1항의 규정에 의하여 매매 거래에 대한 증권업의 허가를 받은 지점 기타 영업소를 포함한다. 이하 같다)로 한다. 위탁을 받는 경우에는 당해 회원이 정한 일반 위탁 수수료율의 50%. 다만, 당해 증권 회사가 한국증권업협회의 회원인 경우에는 당해 회원이 정한 일반 위탁 수수료율의 30%로 한다.

제8조(위탁 수수료의 계산 방법)

①준칙 제23조 제4항의 규정에 의한 위탁 수수료는 동일인에 매매 거래가 성립된 동일 종목의 매도 약정 금액의 합계액과 매수 약정 금액의 합계액에 각각 위탁 수수료율을 곱한 금액으로 한다. 이 경우 최종 결제 가격과 최종 매수 미결제 약정의 수량을 곱한 수치에 50만원을 곱한 금액은 매도 약정 금액으로 하며, 최종 결제 가격에 최종 매도 미결제 약정의 수량을 곱한 수치에 50만원을 곱한 금액

은 매수 약정 금액으로 한다.

②제1항의 규정에 의한 위탁 수수료의 계산시 10원 미만의 단수가 발생하는 경우에는 이를 절사한다.

제24조(위탁 수수료의 징수 시한)

회원은 제23조 제1항의 규정에 의한 위탁 수수료를 매매 거래가 성립된 날 또는 최종 결제된 날부터 기산하여 각각 3일째의 날 12시까지 징수한다.

제6장 보칙

제25조(매매 거래 계좌의 기록)

회원은 위탁 증거금 기타 매매 거래와 관련하여 위탁자와 수수하는 금전 및 대용 증권 등에 관한 사항을 매매 거래 계좌에 기록하여야 한다.

제26조(위탁 증거금의 사용 제한)

회원은 위탁자로부터 위탁 증거금으로 징수한 현금 또는 대용 증권을 당해 위탁자의 매매 거래와 관련된 규정 제35조 제1항의 차감 결제 금액의 납부, 규정 제39조 제1항의 규정에 의한 매매 증거금의 예탁 또는 증권관리위원회가 정하는 방법 등 외에는 사용하지 못한다.

제27조(대리인의 제한)

회원의 임원 또는 직원은 제3조의 규정에 의하여 당해 회원과 매매 거래 계좌 설정 계약을 체결하는 위탁자의 대리인이 되지 못한다.

제28조(세칙)

이 준칙의 시행에 관하여 필요한 사항은 세칙으로 정한다.

부　칙

이 준칙은 1996년 3월 18일부터 시행한다.

이 세칙은 1996년 3월 18일부터 시행한다.

(별지서식)

주가지수선물거래계좌설정약정서

계좌번호	비밀번호	주민등록번호, 납세번호 또는 고유번호	전화번호	성명 또는 명칭
회원이 아닌 증권 회사인 경우 계좌의 종류	국적 또는 영주국(코드)	위탁자 구분코드	외국인 거주자인 경우 계좌의 종류	
위탁매매 / 자기매매	( )		원화	외화
우편번호 및 주소				
대리인이 있는 경우				
성명 또는 명칭				
주민등록번호 또는 납세번호				
본인과의 관계				
주소				
대리권의 범위				

주권·채권 등에 관한 계좌	계좌번호	비밀번호	주민등록번호, 납세번호 또는 고유번호	전화번호	성명 또는 명칭

1)고유 번호는 외국인의 유가 증권 매매 거래 등에 관한 규정에 의하여 증권감독원이 부여한 외국인의 고유 번호임

2)국적 또는 영주국 코드는 다음과 같음

대한민국 : 00, 미국 : 01, 영국 : 02, 일본 : 03, 독일 : 04, 프랑스 : 05, 중국 : 06, 대만 : 07, 캐나다 : 08, 홍콩 : 09, 스위스 : 10, 오스트리아 : 11, 필리핀 : 12, 네덜란드 : 13, 덴마크 : 14, 뉴질랜드 : 15, 인도 : 16, 호주 : 17, 말레이시아 : 18, 핀란드 : 19, 스웨덴 : 20, 싱가포르 : 21, 룩셈부르크 : 22, 아일랜드 : 23, 방글라데시 : 24, 파키스탄 : 25, 인도네시아 : 26, 태국 : 27, 튀니지아 : 28, 벨기에 : 29, 노르웨이 : 30, 터키 : 31, 쿠웨이트 : 32, 기타 : 33

3)위탁자 구분 코드는 다음과 같음

가. 위탁자가 대한민국 국적인 경우

은행 : 11, 단기금융회사 : 12, 상호신용금고 : 13, 종합금융회사 : 14, 증권회사 : 21, 보험회사 : 31, 기금 및 공제회 : 32, 증권투자신탁회사 : 41, 개인 : 51, 국가 및 지방자치단체 : 61, 기타 법인 : 71

나. 위탁자가 외국 국적의 비거주자인 경우

개인 : 01, 은행 : 02, 보험회사 : 03, 증권회사 : 04, 투자신탁(회사형) : 05, 투자신탁(계약형) : 06, 국제기구 및 단체 : 07, 연금 및 기금 : 08, 대한민국 국민인 해외영주권자 : 09, 기타 법인 : 10

다. 위탁자가 외국 국적의 거주자인 경우

개인 : 21, 은행 : 22, 보험회사 : 23, 증권회사 : 24, 국제기구 및 단

체 : 25, 외국인 과반수출자법인 : 26, 연금 및 기금 : 27, 기타 법인 : 28

4)대리인이 있는 경우 대리인 선임 계약서 사본(법정 대리인이 때에는 법정 대리인임을 증명할 수 있는 서류) 1부를 제출함

5)주권·채권 등에 관한 계좌는 위탁 증거금으로 징수하는 대용 증권을 처리하는 계좌임

위탁자와 ○○증권주식회사(이하 '회사'라 한다)는 한국증권거래소(이하 '거래소'라 한다)가 개설하는 유가 증권 시장에서의 주가 지수 선물 거래(이하 '매매 거래'라 한다)를 위하여 매매 거래 계좌를 설정함에 있어서 다음 사항을 약정한다.

제1조(자기 판단과 책임에 의한 매매 거래)

위탁자는 주가 지수 선물 거래 수탁 계약 준칙 및 매매 거래 설명서 등을 숙독하여 그 내용을 충분히 파악하고 위탁자의 판단과 책임으로 매매 거래를 한다.

제2조(관계 법령의 준수)

회사와 위탁자는 매매 거래에 관한 법령, 법령에 의한 명령, 주가 지수 선물 거래 수탁 계약 준칙, 주가 지수 선물 거래 업무 규정, 규칙·관행 및 조치 사항을 준수한다.

제3조(주문의 녹음 등)

회사는 전화·팩시밀리, 기타 방법에 의하여 매매 거래의 위탁 주문을 받는 때에는 주문에 관한 사항을 입증하기 위하여 그 주문의 내용을 녹음하거나 기타 방법을 사용할 수 있다.

제4조(수탁의 거부)

①회사는 다음 각호의 1에 해당하는 때에는 매매 거래의 수탁을 거부한다.

1. 거래소가 시장 관리상 필요하다고 인정하여 종목별 또는 매도·매수별로 미결제 약정 수량을 제한하는 경우 그 제한 수량을 초과하는 자로부터 매매 거래의 위탁을 받는 때

2. 공익과 투자자 보호 또는 주가 지수 선물 시장에서의 매매 거래 질서의 안정을 위하여 필요하다고 인정하는 때

②회사는 위탁 증거금의 추가 납부를 이행하지 아니하거나 매매 거래와 관련하여 증권관리위원회(이하 '위원회'라 한다)의 증권 회사 회계 처리 규정에서 정하는 미수금(이하 '미수금'이라 한다)을 발생시키는 등의 불건전 거래자로부터 매매 거래의 위탁을 받는 때에는 그 수탁을 거부할 수 있다.

제5조(일임 매매 거래의 제한)

회사 및 위탁자는 관계 법규가 정하는 일임 매매 거래 약정의 방법에 의하지 아니하고는 일임 매매 거래의 수탁 또는 위탁을 할 수 없다.

제6조(위탁 증거금의 납부)

위탁자는 매매 거래를 위탁하는 때에는 주가 지수 선물 거래 계약 준칙에 의하여 회사가 정하는 위탁 증거금을 회사에 납부하여야 한다.

제7조(위탁 증거금 등의 납부 불이행시의 조치)

①회사는 위탁자가 주가 지수 선물 거래 수탁 계약 준칙이 정하는 납부 시한까지 위탁 증거금의 추가 납부를 이행하지 아니하거나 결제 금액 등을 납부하지 아니하는 때에는 개별 경쟁 매매에 참여하는 호가로 전매 또는 환매를 하거나 위탁 증거금으로 징수한 유가 증권(이하 '대용 증권'이라 한다)을 매도할 수 있다. 이 경우 상장 주권에 대하여는 유가 증권 시장에서 단일 가격에 의한 개별 경쟁 매매에 참여하는 호가로 매도한다.

②위탁자는 제1항의 규정에 의하여도 부족액이 발생하는 때에는 그 부족액을 지체없이 회사에 납부한다.

제8조(미수금 등의 처리)

①위탁자는 미수금을 발생시킨 때에는 위원회의 증권 회사의 주가 지수 선물 거래 업무에 관한 규정이 정하는 바에 따라 연체 이자를 지급한다.

②회사는 위탁자의 미수금 등을 변제받음에 있어 처분 비용·연체 이자·미수금 등의 순서로 충당한다.

제9조(결제 조건의 변경)

거래소가 천재·지변·전시·사변, 또는 결제 사정의 급격한 변동,

기타 부득이한 사유로 결제가 불가능하거나 현저하게 곤란하다고 인정하여 결제 조건을 변경하는 때에는 위탁자는 이에 따른다.

제10조(최종 결제 가격 등의 재산출 및 손해 배상 청구권의 배제)

①거래소가 결제 시한 전에 주가 지수 선물 거래 업무 규정 제30조 제3항의 규정에 의한 정산 가격(이하 '정산 가격'이라 한다) 또는 동 규정 제33조의 규정에 의한 최종 결제 가격(이하 '최종 결제 가격'이라 한다)에 잘못이 있어 이를 다시 산출하는 때에는 위탁자는 이에 따른다.

②위탁자는 거래소가 고의 또는 중대한 과실 없이 정산 가격 또는 최종 결제 가격을 다시 산출하거나 한국주가지수 200을 잘못 산출하여 손해를 입은 때에는 거래소 및 회원에 대하여 손해 배상을 청구하지 아니한다.

제11조(대용 증권의 이용 제한)

①회사는 대용 증권을 위탁자로부터 문서에 의한 동의를 받아 당해 위탁자에 대한 채권액을 초과하지 아니하는 범위 안에서 거래소에 담보로 제공하거나 기타 관계 법규가 정하는 방법으로 이용할 수 있다.

②위탁자가 회사의 요구에 의하여 '위탁자는 현재 또는 장래에 예탁하는 대용 증권을 매매 거래와 관련하여 회사가 거래소에 담보로 제공함에 동의한다'는 취지의 문서를 회사에 제출하는 때에는 제1항의 규정에 의한 동의로 본다.

제12조(대용 증권의 혼합 보관 등)

①회사는 대용 증권을 종목별로 혼합하여 보관할 수 있다.

②회사는 대용 증권을 반환하는 때에는 동일 종목으로 반환할 수 있다.

제13조(대용 증권의 교환)

권리에 하자가 있는 대용 증권을 예탁한 위탁자는 지체없이 이를 하자가 없는 대용 증권으로 교환한다.

제14조(고객 예탁금의 이용 등)

①회사는 납부한 현금 위탁 증거금에 위탁자의 미결제 약정에서 발생한 평가 손익과 매매 증거금 등을 가감한 금액(이하 '고객 예탁금'이라 한다)을 위원회가 정하는 바에 따라 이용할 수 있다.

②회사는 제1항의 규정에 의하여 고객 예탁금을 이용하는 경우에는 그 대가로 위원회가 정하는 바에 따라 고객 예탁 이용료를 위탁자에게 지급한다.

제15조(결제 조건 등의 변경 통지)

회사는 결제 조건·위탁 증거금률의 변경, 기타 위탁자의 권리·의무에 중요한 사항이 변경된 때에는 지체없이 그 변경 내용을 위탁자에게 통지하고 본점·지점 기타 영업소에 7일간 게시한다.

제16조(매매 거래 계좌 설정 약정서의 기재 내용의 변경 통지)

위탁자는 주소·전화번호·대리권의 범위, 기타 매매 거래 계좌 설정 약정서의 서식에 기재된 내용에 변경이 있는 때에는 지체없이 그 변경 내용을 회사에 통지한다.

제17조(매매 거래 내용 등의 통지)

①회사는 매매 거래가 성립된 때에는 지체없이 그 내용을 위탁자에게 통지한다.

②회사는 위탁자가 위탁 증거금을 추가로 납부하여야 하는 경우에는 그 내용을 지체없이 위탁자에게 통지한다.

③회사는 위원회가 정하는 바에 따라 매매 보고서 및 선물 거래 내역서를 위탁자에게 교부한다.

④위탁자는 제1항의 규정에 의하여 통지받은 매매 거래 내용, 제3항의 규정에 의하여 교부받은 매매 보고서 및 선물 거래 내역서에 대하여 이의가 있는 때에는 지체없이 이의를 제기한다.

제18조(통지의 효력)

①회사가 위탁자에게 보낸 통지가 위탁자의 책임 있는 사유로 연착되거나 도착되지 아니하는 때에는 통상 도착하여야 할 때에 도착된 것으로 본다.

②회사는 위탁자에게 통지를 하는 때에는 통지일·통지 방법, 기타 사항을 기록·유지한다.

제19조(매매 거래 계좌의 통합 및 폐쇄)

①회사는 위탁자의 매매 거래 계좌의 잔고가 10만원 이하인 경우로서 최근 6월간 매매 거래 실적이 없는 때에는 별도의 계좌에 통

합하여 관리할 수 있다.

②회사는 위탁자의 매매 거래 계좌의 잔고가 '영'이 된 상태로 6월간 지속되는 때에는 그 계좌를 폐쇄할 수 있다.

년　월　일

위탁자 또는 대리인 명:　　　　(인)(또는 성명)

기호 병용시 기호(　　)

실명 등 확인자(인)

증권주식회사　　　(인)

제 10 부
업무 규정 · 시행 세칙(발췌)

제3장 매매 거래의 종류 및 매매 계약 체결 방법

제7조

⑤제1항 내지 제4항 이외에 호가에 관하여 필요한 사항은 세칙으로 정한다.

제14조(호가의 취소 및 정정)

규정 제7조 제5항의 규정에 의하여 호가의 취소 및 정정은 접수 순에 의하며, 매매 거래가 성립되지 아니한 분에 한한다. 다만, 제16조 제2항 제2호 및 제3호의 규정에 의하여 결정된 기준 가격에 해당하는 호가와 제13조 제3항의 규정에 의하여 상한가로 간주된 매수 호가는 최초 가격 결정시까지, 제15조의 2의 규정에 의하여 호가의 효력이 정지된 프로그램 매매 호가는 그 시간 동안 취소 및 정정을 인정하지 아니한다.

제7조의 2(프로그램 매매 호가의 관리)

①거래소는 주가 지수 선물 거래 업무 규정 제6조의 규정에 의한 한국주가지수 200(이하 '한국주가지수 200'이라 한다) 선물 거래의 종목 중 직전일의 거래량이 가장 많은 종목의 가격이 급변하는 경우 수탁 계약 준칙 제9조 제1항 제1호 내지 제12호에 해당하는 자의 계산으로 제출된 프로그램 매매 호가에 대하여 일정 시간 효력을 정지시킬 수 있다.

②제1항에서 프로그램 매매라 함은 모든 지수 차익 거래 또는 동일인이 일시에 한국주가지수 200 구성 종목 중 일정한 수 이상의 종목을 거래하는 것(이하 '비차익 거래'라 한다)을 말한다.

③제2항에서 지수 차익 거래라 함은 한국주가지수 200 구성 종목의 주식 집단과 주가 지수 선물 간의 가격 차이를 이용하여 이익을 얻을 목적으로 주식 시장에서 주식 집단의 매수와 연계하여 주가 지수 선물 시장에서 주가 지수 선물을 매도하거나 또는 그 반대의 경우의 거래로서 당일 중에 행하는 거래를 말한다.

④제2항의 규정에 의한 동일인의 범위·종목수 및 기타 프로그램 매매 호가의 관리와 관련하여 필요한 사항은 세칙으로 정한다.

제15조의 2(프로그램 매매 호가의 효력 정지 및 효력 정지 해제)

①규정 제7조의 2 제1항의 규정에 의한 프로그램 매매 호가의 효력 정지는 다음과 같이 한다.

1. 주가 지수 선물 시장에서 거래되는 한국주가지수 200 선물 거래의 종목 중 직전일의 거래량이 가장 많은 종목(이하 '기준 종목'이라 한다)의 가격이 기준 가격 대비 3% 이상 상승(또는 하락)하여 5분

간 지속되는 경우의 프로그램 매매 매수 호가(또는 매도 호가)는 5분간 효력이 정지된 후 접수순에 따라 가격 결정에 참여할 수 있다. 이 경우 기준 종목이 2개 이상인 때에는 매매 거래 최종일이 먼저 도래하는 종목을 기준 종목으로 한다.

2. 프로그램 매매 호가의 효력 정지는 매매 거래 시간 중에 한하여 적용한다. 다만 후장(후장이 없는 경우에는 전장으로 한다) 종료 40분 전 이후에는 그러하지 아니하다.

②프로그램 매매 호가의 효력이 정지된 후 기준 종목의 가격이 기준 가격 대비 2% 내로 회복되는 경우에는 이를 해제한다. 다만, 효력 정지를 해제한 이후 제1항의 요건에 해당하면 다시 효력을 정지할 수 있다.

③전산 시스템의 일시적인 장애가 발생하는 경우에는 제15조의 3의 규정에 의한 프로그램 매매 효력 정지 예고 조치 없이 호가의 효력을 정지할 수 있다.

제15조의 3(프로그램 매매 호가의 효력 정지 예고 및 효력 정지 예고 해제)
①제15조의 2 제1항 제1호의 규정에 의한 기준 종목의 가격이 기준 가격 대비 3% 이상 변동하여 1분간 지속되는 경우에는 프로그램 매매 매수 호가 또는 매도 호가의 효력이 정지될 수 있다는 사실을 예고할 수 있다.

②효력 정지 예고 후 기준 종목의 가격이 기준 가격 대비 3% 내로 회복되는 경우에는 효력 정지 예고를 해제할 수 있다.

제15조의 4(동일인이 범위 등)
①규정 제7조의 2 제2항이 규정에 의한 동일인은 신탁 재산과 고유 재산으로 구분하여 적용하며, 신탁 재산의 경우에는 펀드별로 적용한다.
- ②규정 제7조의 2 제2항의 규정에 의한 종목수는 15종목으로 한다. 이 경우 동일 상장 법인이 발행한 주권은 종류에 관계 없이 1종목으로 본다.

제5장 시장 관리

제32조(시장 게시 사항)
①거래소는 다음 각호의 1에 해당하는 사항은 시장에 게시한다.
9. 프로그램 매매 호가의 관리와 관련된 사항

제6장 회원 감리

제45조(보고 사항)
②회원은 프로그램 매매와 관련하여 프로그램 매매 현황과 차익 거래 잔고 현황을 세칙이 정하는 바에 따라 거래소에 보고하여야 한다.

부칙

이 규정은 1996년 4월 1일부터 시행한다. 다만, 제49조의 개정 규정은 1996년 5월 3일부터, 제7조의 2(동조 제1항 중 프로그램 매매 호가에 대한 효력의 정지는 제외한다) 및 제45조 제2항의 개정 규정은 1996년 6월 3일부터, 제7조의 2 제1항 중 프로그램 매매 호가에 대한 효력의 정지 및 제32조 제1항 제9호의 개정 규정은 거래소가 정하는 날로부터 각각 시행한다.

(별지서식)

주간 프로그램매매현황보고서 _차익거래_

한국증권거래소 귀중

업무 규정 제45조 제2항 및 동 시행 세칙 제63조의 2의 규정에 의하여 주간 프로그램 매매 현황(차익 거래)을 다음과 같이 보고합니다.

19 년 월 일   ○○증권주식회사 대표회사 ○○○(인)

(단위 : 종목, 천주, 백만원, 계약)

구분			위탁·자기		주식						주가지수선물					
설정	해소	이월	위탁	자기	호가입력시간	매매구분		종목수	거래량	거래대금	호가입력시간	매매구분		중독	계약수량	계약금액
						매도	매수					매도	매수			
합계								XXX	XXX						XXX	XXX

주) 1. 해당하는 주의 매매 일자별로 작성함.
　　2.구분, 위탁·자기, 매매 구분란의 기재는 '○' 표시로 함.
　　3. 합계란은 'XXX'로 표시된 부분만 기재함.

(별지 제21호 서식)

주간 프로그램매매현황보고서 _비차익거래_

한국증권거래소 귀중

업무 규정 제45조 제2항 및 동 시행 세칙 제63조의 2의 규정에 의하여 주간 프로그램 매매 현황(차익거래)을 다음과 같이 보고합니다.

19 년 월 일   ○○증권주식회사 대표회사 ○○○(인)

(단위 : 종목, 천주, 백만원, 계약)

주 식									투 자 전 략					비고
호가입력시간	위탁·자기		매매구분		종목수	거래량	거래대금		인덱스매매	헤지거래	PI	자산배분	기타	비고
	위탁	자기	매도	매수										

주) 1. 해당하는 주의 매매 일자별로 작성함.
   2. 위탁·자기, 매매 구분, 투자 전략란의 기재는 '○'표시로 함.
   3. 비고란에는 해당 투자 전략에 대한 특기 사항을 기재하거나 기타인
      경우의 투자 전략을 기재함.
   4. PI는 포트폴리오 인슈어린스 거래를 말함.

(별지 제22호 서식)

주간 차익거래잔고 보고서

한국증권거래소 귀중

업무 규정 제45조 제2항 및 동 시행 세칙 제63조의 2의 규정에 의하여
주간 프로그램 매매 현황(차익거래)을 다음과 같이 보고합니다.

19 년 월 일   ○○증권주식회사 대표회사 ○○○(인)

(단위 : 종목, 천주, 백만원, 계약)

구 분	주 식				주 가 지 수 선 물			
	매 도		매 수		매 도		매 수	
	주식수량	금 액	주식수량	금 액	주식수량	금 액	주식수량	금 액
위 탁								
자 기								
합 계								

주) 해당하는 주의 마지막 매매일을 기준으로 작성함.

제 11 부
수탁 계약 준칙·시행 세칙(발췌)

제4조(문서에 의한 수탁)

①회원이 위탁자로부터 매매 거래의 위탁을 받을 때에는 다음 사항을 기재한 주문표에 의한다.

9. 프로그램 매매 주문임을 나타내는 표시. 이 경우 차익 거래와 비차익 거래를 구분하여야 한다.

제6조(수탁의 거부)

②회원은 미수금이 있는 위탁자에 대하여 다음 각호의 행위를 하여서는 아니 된다.

1. 유가 증권 매매 주문의 수탁. 다만, 미수금 정리 또는 주가 지수 선물 거래 위탁 증거금으로 사용된 증권(이하 '주가 지수 선물 거래 대용 증권'이라 한다)의 매도를 위한 주문 수탁의 경우는 그러하지 아니하다.

2. 현금 및 유가 증권의 인출. 다만, 미수금 정리 또는 주가 지수

선물 거래 대용 증권을 매도하여 당해 매도 대금을 주가 지수 선물 매매 거래 계좌로 이체하는 경우는 그러하지 아니하다.

제9조(위탁 증거금 징수의 예외)

①회원은 위탁자가 다음 각호의 1에 해당하는 경우에는 제8조의 규정에 불구하고 위탁 증거금의 전부 또는 일부를 징수하지 아니할 수 있다. 다만, 거래소가 시장 관리상 위탁 증거금의 징수가 필요하다고 인정하는 경우에는 그러하지 아니하다.

14. 보통 거래에 의한 매매 계약 후 결제일 이전에 당해 수량의 범위 내에서 매수의 경우에는 매도·매수(주가 지수 선물 거래 대용 증권을 매도하는 경우는 제외 한다)의 경우에는 매수하거나 또는 다른 종목을 당해 매도 금액의 범위 내에서 매수하고자 하는 자

부칙

이 준칙은 1996년 5월 1일부터 시행한다. 다만, 제6조 제2항 및 제9조 제1항 제14호의 개정 준칙은 1996년 5월 3일부터, 제4조 제1항 제9호의 개정 준칙은 1996년 6월 3일부터 각각 시행한다.

(별지 제1호 서식)

정정신청일시 :

주가지수선물거래 착오매매정정신청서

한국증권거래소 귀중

회원명 :

주가지수선물거래업무규정시행세칙 제15조 제2항의 규정에 의하여   년   월   일 매매 거래가 성립된 착오 매매를 다음과 같이 정정하여 주시기 바랍니다.

(단위 : 계약, 포인트)

종목명	약정번호	구분	회원번호		약정수량	약정가격	정정여부 ※	비고
			매도	매수				
		오						
		정						
		오						
		징						

주 1) ※란은 기재하지 않음.

　 2) 착오 매매 사유서 및 착오 매매임을 증빙할 수 있는 서류를 첨부함.

　 3) 비고란에는 회원의 자기 매매는 '1', 회원이 아닌 국내 증권 회사의 자기 매매는 '2', 회원이 아닌 외국 증권 회사의 자기 매매는 '3'으로 기재함.

(별지 제2호 서식)

정정신청일시 :

주가지수선물거래 전매 · 환매신고서

한국증권거래소 귀중

회원명 :

주가지수선물거래업무규정 제29조 제1항의 규정에 의하여 전매 또는 환매의 수량을 다음과 같이 신고합니다.

(단위 : 계약)

종목명	구분	전매수량			환매수량		
		당일수량	기존수량	합계수량	당일수량	기존수량	합계수량
	위탁매매						
	자기매매						
	위탁매매						
	자기매매						

주 1) 회원이 아닌 증권 회사의 자기 매매는 위탁 매매에 포함함.
  2) 당일 수량은 당일에 매매 거래가 성립된 신규의 매수 또는 신규의 매도를 소멸시키는 전매의 수량 또는 환매의 수량을 기재함.
  3) 기존 수량은 당일 전에 매매 거래가 성립된 신규의 매수 또는 신규의 매도를 소멸시키는 수량 또는 환매의 수량을 기재함.

(별지 제3호 서식)

신고일시 :

주가지수선물거래 전매·환매정정신고서

한국증권거래소 귀중

회원명 :

주가지수선물거래업무규정시행세칙 제19조 제2항의 규정에 의하여   년   월   일 신고한 전매 또는 환매의 수량을 다음과 같이 정정하여 신고합니다.

(단위 : 계약)

종목명	구분	전매수량			환매수량		
		당일수량	기존수량	합계수량	당일수량	기존수량	합계수량
	오						
	정						
	오						
	정						

주 1) 자기 매매와 위탁 매매로 구분하되, 회원이 아닌 증권 회사의 자기 매매는 위탁 매매에 포함함.
   2) 당일 수량은 당일에 매매 거래가 성립된 신규의 매수 또는 신규의 매도를 소멸시키는 전매의 수량 또는 환매의 수량을 기재함.
   3) 기존 수량은 당일 전에 매매 거래가 성립된 신규의 매수 또는 신규의 매도를 소멸시키는 전매의 수량 또는 환매의 수량을 기재함.

(별지 제4호 서식)

접수	입력	확인
※	※	※

매매증거금 현금인출 청구서

접수번호	※

한국증권거래소 귀중

주가지수선물거래업무규정시행세칙 제24조의 규정에 의하여 다음의 금액을 인출하고자 합니다.

년   월   일

증권주식회사 대표이사   (인)

수령계좌번호	청구내역		합계금액
	구분	청구금액	
	위탁자 재상	금 원정 (₩)	금 원정 (₩)
	회원 재산	금 원정 (₩)	

주 1) ※란은 기재하지 않음.

   2) (인)에는 당해 증권 회사가 한국증권거래소에 신고·등록한 인감을 날인함.

   3) 수령계좌번호는 한국증권거래소가 지정한 은행 중에서 당해 회원이 매매 증거금을 수령할 은행명 및 계좌 번호를 기재함.

   4) 회원이 아닌 증권 회사의 재산은 위탁자 재산에 포함함.

(별지 제5호 서식)

접수	입력	확인
※	※	※

매매증거금 대용증권 예탁 (인출) 청구서

접수번호	※

한국증권거래소 귀중

주가지수선물거래업무규정시행세칙 제24조의 규정에 의하여 다음의 유가
증권을 매매 증거금으로 예탁(인출)하고자 합니다.

년　　월　　일

증권주식회사 대표이사　　　　(인)

(수량단위 ; 주권 : 주, 채권 : 만원)

종목명		코드번호	수량	대응가격(원)	금액(원)
위탁자 재산		－	－	－	－
회원　재산		－	－	－	－
상장주권(소계)	위탁자 재산				
	회원 재산				
상장채권(소계)	위탁자 재산				
	회원 재산				
등록주권(소계)	위탁자 재산				
	회원 재산				
합　계		－	－	위탁자 재산	
				회원 재산	

주 1) ※란은 기재하지 않음.
　2) (인)에는 당해 증권 회사가 한국증권거래소에 신고·등록한 인감을 날인함.
　3) 종목명은 위탁자 재산과 회원 재산으로 구분하여 상장주권·상장채권·등록주권의 순서
　　 및 한국증권거래소 또는 한국증권업협회가 부여한 코드 번호의 순서로 기재함.
　4) 회원이 아닌 증권 회사의 재산은 위탁자 재산에 포함함.
　5) 대용 가격은 예탁(인출) 청구일 현재의 대용 가격을 기재함.

(별지 제6호 서식)

위탁자 매매거래현황

종목 :   회원 :   지점 :   NO :

(단위 : 계약, 포인트)

위탁자명, 계좌번호	주민등록증번호, 납세번호, 또는 고유번호.	주문일시	매도매수구분	주문		체결		신규, 전매, 환매 구분	미결약수	재정량	계좌개설일	주소	실명·가명구분	비고
				수량	가격	수량	가격							

(별지 제7호 서식)

<table>
<tr><td rowspan="2">사진</td><td colspan="5" align="center">주가지수선물거래담당자 등록신청서</td></tr>
</table>

인적 사항	성명	(한글)	(한자)		
	소속			직위	
	생년월일				(만 세)
	주소				
	주민등록번호				
학력 및 경력	최종 학력				
	경력				
주가지수선물거래책임자 여부					

첨부 1. 주가지수선물거래담당자의 등록 자격의 교육을 이수하고 시험에 합격한 자임을 증명하는 서류 사본 1부
　2. 재직증명서 1부
　3. 사진 2매

한국증권거래소 귀중

주가지수선물거래업무규정 제45조의 규정에 의하여 상기인을 당사의 주가지수 선물 거래 담당자로 등록하고자 이를 신청합니다.

　　　　　　　　　　　　　　　　년　　　월　　　일
　　　　　증권주식회사 대표이사　　　　　　　(인)

호가내용 입력코드

주가지수선물거래업무규정시행세칙 제4조 제2항의 규정에 의한 호가 내용의 입력 코드는 다음과 같다.

호가내용		입력코드
회원 번호	위탁 매매	교보증권(주) : 001, 쌍용투자증권(주) : 002, 한신증권(주) : 003, 대신증권(주) : 004, 대우증권(주) : 005, 신영증권(주) : 006, 장은증권(주) : 007, 서울증권(주) : 008, 한양증권(주) : 009, 한진투자증권(주) : 010, 건설증권(주) : 011, 엘지증권(주) : 012, 부국증권(주) : 013, 신한증권(주) : 014, 대유증권(주) : 015, 보람증권(주) : 016, 현대증권(주) : 017, 고려증권(주) : 018, 한일증권(주) : 019, 동서증권(주) : 020, 제일증권(주) : 021, 신흥증권(주) : 022, 유화증권(주) : 023, 동양증권(주) : 024, 선경증권(주) : 025, 한국산업증권(주) : 026, 조흥증권(주) : 027, 동아증권(주) : 028, 일은증권(주) : 029, 삼성증권(주) : 030, 동부증권(주) : 031, 동방페레그린증권(주) : 032, 자딘플레밍증권회사 서울지점 : 033, 한누리살로만증권(주) : 034, ING베어링증권리미더드서울지점 : 035, 모간스텐리인더내셔날증권회사 서울지점 : 036
	자기 매매	위탁 매매의 입력 코드에 500을 더한 숫자
매도와 매수의 구분	위탁 매매	매도 : MC02, 매수 : MO03
	자기 매매	매도 : MC04, 매수 : MO05
종목	선물	1
	주가 지수	KOSPI 200 : 01
	매매 거래 최종일	매매 거래 최종일이 속하는 년의 마지막 숫자 및 월의 숫자(12월인 때에는 C)
수량		매매 거래하고자 하는 계약의 수치
가격		매매 거래하고자 하는 주가 지수의 수치
위탁 매매와 자기 매매의 구분	위탁 매매	0
	자기 매매	회원 : 1, 회원이 아닌 국내 증권 회사 : 2, 회원이 아닌 외국 증권 회사 : 3

성공을 위한 자기 점검

년   월   일

메 모

년 월 일

선영 심리학 선서

프로이트 심리학 해설

S.프로이트 / C.G.홀

참다운 자아를 발견하고 삶의 행로를 찾아 나서는 이들을 위하여, 또한 인간과 그 심리 세계를 탐구하려는 이들을 위하여, 인간 심리의 틀을 밝혀주는 프로이트의 심리학의 해설서. 인간이 인간답게 살아갈 수 있도록, 심리학에 입문할 수 있도록 인도하는 최고의 명저.

융 심리학 해설

C.G.홀 / J.야코비

인간의 깨어 있는 의식의 뿌리를 캐며, 아득한 무의식 속에 깊숙이 감춰 있는 세계까지 탐색하고, 그 심대한 체계를 세운 융 사상의 깊이와 요체를 밝혀주는 해설서. 무한한 세계까지 헤아리는 융 심리학의 금자탑. 그리고 인간 생활에서의 실제와 응용을 명쾌하게 설명해 주는 최고의 입문 참고서.

무의식 분석

C.G.융

프로이트의 《정신 분석의 입문》과 쌍벽을 이루며, 또 어느 누구도 따를 수 없는 독보적인 폭과 깊이를 담고 있는 융의 '무의식의 심리'에 관한 최고의 결작. 인간의 정신 세계에의 연구에 있어서 끝없는 시야를 제시하는, 그리고 미지의 무의식 세계를 개발하려는 융 심리학의 핵심 해설서.

프로이트 심리학 비판

H.마르쿠제 / E.프롬

인간의 정신 세계의 틀을 제시하는 프로이트 사상의 근거와 사회적 영향을 검토하고 검증하려는 비판서(이 책을 통하여 우리는 프로이트 심리학의 출발과 실제와 한계를 생각할 수 있다). 우리가 프로이트 심리학에 무엇을 기대하며, 무엇을 문제시해야 할 것인가를 말해 주는 명저.

아들러 심리학의 해설

A.아들러 / H.오글러

프로이트의 본능 심리학과 융의 심리학과 함께 꼭 주지되어야 하는 것이 아들러의 개인 심리학이라고 볼 때, 그 개인 심리학이 논구하여 설명하려는 개개인의 의식 세계를 또 다른 시각으로 설파해 주는 해설서. 개인의 의식 세계에 대한 간결하고도 이해하기 쉬운, 이 시대 최고의 저술.

정신 분석과 유물론

E.프롬 / R.오스본

인간의 정신을 의식·무의식의 메커니즘으로 파악하는 프로이트 사상과 철저한 일원론적 자세로 설명하는 마르크스 사상이 어떻게 영합하고, 어떻게 상반되며, 그리고 무엇을 문제로 빚는가를 사회 사상적 입장에서 논한, 우리 시대 최대의 관심사에 관한 해설서.

인간의 마음 무엇인 문제인가?(1)

K.메닝거

현대 정신 의학의 거장 메닝거 박사가 이야기하듯 밝혀주는 인간 심리의 미로, 그 행로의 이상(異常)과 극복의 메세지. 소외와 불안과 갈등과 알력과 스트레스 속에서 온갖 마음의 문제를 안고 사는 이들의 자아 발견과 자기 확인 및 정신 건강을 위한 일상의 지침서.

인간의 마음 무엇인 문제인가?(2)

K.메닝거

제1권에 이어 관능편·실용편·철학편 등이 실려 있는 메닝거 박사의 정신 의학의 명저. 필연적으로 약점과 결점을 지닐 수밖에 없는 인간의 마음에서 빚어지는 갖가지 정신적 문제들에 대처할 수 있는 메닝거식(式) 퇴치법이 수록되어 있다.

정신 분석 입문

S.프로이트

노이로제 이론에 있어서 새로운 영역을 개척함과 아울러, 거기에서 획득할 수 있는 빈 뜩이는 혜안과 견해를 프로이트는 스물여덟 번의 강의에서 총망라해 다루고 있다. 인간의 외부 생활과 내부 생활과의 부조화로 인해 빚어지는 갖가지 문제점들이 경이롭게 파헤쳐지는 정신 분석의 정통 입문서.

꿈의 해석

S.프로이트

꿈이란 어떤 형태의 것이든 소망 충족의 수단이며, 꿈을 꾸는 사람은 그 자신이면서도 현실의 자신과는 완전히 단절되어 있다는 꿈의 비논리적 성질을 예리하게 갈파해 주는 꿈 해석 이론의 핵심 입문서이며, 프로이트 자신의 명성을 전세계에 드높인 이 시대 최고의 명저.

주역 김승호●대하소설

1권/연진인의 천명재판

세상과는 멀리 떨어진 깊은 산, 범상한 신통력과 전생을 간직한 사람들의 마을, 지존한 신선들의 은밀한 행보는 지상으로 향하고, 정마을은 상상조차 할 수 없었던 기이한 사건의 소용돌이 속으로 휘말려 드는데……. 연이은 긴박한 사건 속에 속세에서 폭력에 맞섰던 한 사나이가 정마을로 숨어든다.

2권/평허선공, 염라전에 들다

정마을 촌장의 기이한 행적으로 인한 의문은 쌓여만 가고, 건영이의 신비한 힘이 주역을 통해서 서서히 드러난다. 이 때 천계에서는 우주의 이상현상에 대한 답을 구하기 위해 특사가 파견되지만 요녀들의 방해로 죽임을 당해 뜻을 이루지 못한다. 한편 정마을을 떠난 촌장 풍곡선은 천계에서 심문을 받고…….

3권/종잡을 수 없는 천지의 운행

천계에서 서선 연행이었던 전생의 기억을 회복한 남씨는 숙영이 어머니와의 이루지 못한 슬픈 사랑에 가슴 아파한다. 우주의 이상현상의 하나로 나타난 혼마 강리는 정마을 사람들을 위협하고, 천계의 대선관 소지선은 평허선공을 피해 하계로 숨어 버린다.

4권/단정궁의 중요 회의

우주의 혼란을 바로잡을 방법을 구하기 위해 단정궁에 파견된 특사는 아리따운 총관 본유의 유혹에 넘어가 정력을 소진한 채 자멸하고 만다. 한편 지상에 나타난 혼마 강리는 땅벌파에게 무술을 가르쳐 세상을 지배하려 한다. 그러나 풍곡선의 부탁을 받아 그를 뒤쫓던 검의 명수 좌설과 일전을 치르는데…….

5권/선혈로 물든 인연의 늪

정마을 주변에서는 또 한번의 기이한 일이 발생한다. 빗자루를 든 괴노인이 나타나 닥치는 대로 사람을 죽이고 서울로 향하는 인규를 위협한다. 정마을이 지원하는 조합장측과 혼마 강리가 지원하는 땅벌파 간의 오랜 이권 다툼 끝에 드디어 협상이 이루어져 새로운 전기가 마련된다. 천계에서는 동화궁과 남선부 간에 전쟁이 일어나 아수라장이 되어 버린다.

6권/옥황부의 긴급 사태

건영이는 하루가 다르게 도를 깨우치고 혼마 강리도 극강의 힘을 얻기 위해 땅벌파를 동원해 여체를 찾아 나선다. 그들은 드디어 무척 날쌔며 힘이 장사인 미친 여자를 만난다. 그러나 혼마는 뒤쫓던 좌설과 능인의 일격을 당해 중상을 입는다. 이 결투로 능인도 목숨을 잃을 위기를 당하지만 때마침 천계에서 건영이를 만나러 내려온 염라대왕의 도움으로 살아난다.

7권/여인의 숭고한 질투

빗자루 괴인은 마침내 정마을로 쳐들어오고 이를 미리 알아챈 건영이는 마을 사람들을 산으로 대피시킨다. 건영이는 염파를 보내 괴인을 자신에게로 이끌어 전생에 역성 정우였음을 밝히며 주역에 대해 문답을 나누어 위기를 넘긴다. 한숨 돌린 건영이는 또다시 천계에서 내려온 염라대왕을 만나 우주의 이변에 대해 상세히 진단을 내려준다.

8권/기습당한 옥황상제

좌설과의 결투로 중상을 당한 혼마 강리는 거지 무덕의 덕으로 목숨을 구했을 뿐만 아니라 극강의 힘을 향해 치달렸다. 이에 강리는 조합장측에 도움을 주고 있는 정마을의 위치를 알아내 단번에 섬멸해 버리기 위해 땅벌파들을 지방으로 내려 보낸다. 한편 정마을의 남씨는 전생에 천계에서 친구였던 수지선의 방문을 받는다.

9권/다가오는 정마을의 위기

풍곡선은 평허선공의 추적을 뿌리치기 위해 옥황부의 특사가 되어 요녀들이 들끓는 단정궁으로 향한다. 평허선공은 염라전에 나타나 염라대왕과 일전을 벌이는데……. 지상의 혼마 강리는 드디어 무덕의 신통력으로 극강의 힘을 얻고 정마을을 정복하기 위해 땅벌파와 함께 춘천으로 떠난다.

10권/슬픈 운명

정마을로 침투하려던 강리 앞에 수지선이 나타나 결투를 벌인다. 극강의 힘을 발출하며 강물 위에서까지 혈투를 벌인 끝에 강리가 생을 마감하여 바람처럼 사라져 버린다. 한편 천계에서는 평허선공의 사주를 받은 동화궁의 선인들이 옥황부로 쳐들어가고, 살상은 계속되었다. 지상과 천계의 이변을 수습할 방법은 없는 것일까? 그리고 단정궁으로 떠난 풍곡선의 운명은…….

주역 원론

1. 시간과 공간

공자가 평생을 두고 연구했던 주역의 신비가 오늘날에 와서 차츰 풀리고 있는 중이다. 이는 주역에 대한 인류의 관심이 증대된 데 기인하지만, 실은 20세기에 들어서서 인류의 지성이 발전했기 때문일 뿐이다. 인류는 이제서야 주역을 이해하기 시작했다.

주역에는 오늘날 인류의 첨단 과학인 양자 역학 · 위상 수학 · 카오스 이론 · 프렉탈, 카타스트로피 · 생명 창발 등 모든 것이 들어있으며, 우주의 시작과 끝, 그리고 그 과정을 낱낱이 설명하고 있다. 이로써 신의 섭리를 엿볼 수 있을 것이다.

20세기 최대의 과학자인 아인슈타인은 그의 과학적 원리의 핵심을 주역에서 얻었고, 양자 역학의 창시자인 닐스 보어도 그 원리를 주역에서 얻었다. 먼 옛날, 신출 귀몰했던 제갈공명도 그의 위대한 병법 원리를 바로 주역을 통해 깨달을 수 있었던 것이다. 주역을 알면 귀신도 부릴 수 있다는 말이 있는데, 어찌 귀신 뿐이겠는가. 주역의 섭리에 따라 인간이 앞서면 하늘도 이를 어기지 않는 법이다.

2. 질서와 혼돈

시간이라는 존재는 인류의 최대 관심사가 아닐 수 없다. 시간의 세계는 공간의 세계처럼 망원경 등으로 내다볼 수 없는 신비의 영역인바, 이러한 세계를 다루는 것이 주역이다. 주역은 당초 시간의 비밀을 풀어 인류의 생활에 이바지하도록 만들어진 것이다.

주역을 이해하기 위해서는 발달된 과학적 지성이 절대로 필요하다. 이로써 시간의 비밀은 그 모습을 드러낼 것이다. 과학적으로 바르게 규명된 주역이 인류 발전에 크게 이바지할 것은 더 말할 나위가 없다. 주역은 원자 문명만큼이나 인류에게 중요한 학문인 것이다. 그것은 바로 시간의 문제이기 때문이다. 앞으로 인류는 시간을 이해하고 정복해야 한다. 시간을 이해하는 데에는 주역만큼 심오한 학문이 없다.

인류는 주역을 통해 시간을 정복할 것이다. 과학자인 닐스 보어는 노벨 물리학상을 타는 자리에 8괘 무늬의 옷을 입고 등장했는데, 그는 자연의 모든 법칙이 주역에서 나온다는 것을 알았던 것이다. 만일 초문명을 가진 우주인이 등장한다 하더라도 그들의 문명 원리는 반드시 주역의 원리와 합치할 것이다.

3. 자연의 대조직

주역이 만들어진 지는 실로 7천 년이나 된다. 그 당시 인류는 글자도 없었고, 농사도 지을 줄 몰랐으며, 집도 없이 동굴이나 숲에 살았었다. 이러한 시대에 돌연 주역이 등장했던 것이다.

주역에는 온 우주의 원리와 성인의 섭리, 초자연의 비밀이 담겨 있는데, 이 같은 신의 지혜가 인간에게 다급히 전해진 까닭은 무엇일까?

우리는 인류와 우주에 있어 우선 이 까닭을 규명하여야 할 것이다. 주역은 하늘이 내린 것인지 성인이 만들었는지, 또는 초문명의 우주인이 남겨둔 것인지 증명할 수는 없다. 하지만 우리 앞에 일찍이 출연한 주역은 엄청난 내용을 전개하고 있다. 그것은 과학의 극한을 넘어서 있으며 인간을 초월하여 신의 세계를 깨닫게 한다. 주역은 하늘이 인간에게 베푼 최대의 은혜가 아닐 수 없다.

인간은 주역의 지혜를 획득하여 영원한 세계를 보다 행복하고 안전하게 살아갈 수 있을 것이다.

4. 신의 지혜

아인슈타인은 언젠가 인류의 지혜가 좀더 발전한다면 시간의 미래를 완전히 알 수 있는 해법을 찾을 수 있을 것이라고 생각했다. 하지만 이미 수천 년 전에 그러한 해법이 존재했던 것이다. 주역이 바로 그것이다. 오늘날 인류는 주역의 지혜를 통해 시간의 미래를 예측하는 것이 가능한 시점에 이르고 있다. 만일 현대의 초고속 슈퍼 컴퓨터의 기능과, 주역의 이론이 합쳐진다면 일기 예보처럼 사건 예보가 이루어질 수 있을 것이다. 물론 주역의 이론이 딩깅 시간의 미래를 세세하게 예보하는 데 이르지 않는다 해도 주역이 갖는 광대한 지혜는 인류의 복지를 크게 증진시킬 것이 틀림없다.

현대에 와서 세계의 많은 과학자들이 주역의 연구에 몰두하는 것은 실은 이러한 배경이 있는 섯이나. 이는 인류의 급격힌 기성 발달을 위해 크게 바람직한 일이 아닐 수 없다. 다만 애석한 일이 있다면 오늘날 우리 나라의 경우 주역의 과학적 연구가 이루어지고 있지 않다는 것이다. 이러한 상황에서 본 저서는 우리 나라의 주역 과학 발전에 원동력을 제공해 줄 것이라고 믿는다.

5. 사물의 운명

인류의 문명에는 수많은 신비가 있다. 피라미드를 필두로 해서 스핑크스 · 모아이 · 잉카제국 · 만리장성 등등이 그것이다. 그런데 그것들은 모두 건축물에 국한되어 있다. 인류에게 건축물 말고 다른 신비는 없단 말인가. 결코 그렇지 않다. 신비란 원래 물질보다는 정신에 존재하는 법이다. 그렇다고 할 때 인류의 모든 신비를 통틀어 주역에 필적할 만한 것이 없다. 주역의 섭리는 성인의 지혜나 과학자의 지혜를 능가하고 있는 것이다.

신이 우주를 창조했다 하더라도 그 원리는 주역의 법칙을 넘어서지 않는다. 실로 주역은 자연의 모든 비밀을 함유하고 있는바, 이를 떠나서 더한 신비는 있을 수 없다. 인류는 5천 년간이나 주역의 깊은 비밀을 모르고 있었지만 이제서야 그것이 풀리고 있다.

이 책은 현대의 첨단 과학을 통해 주역의 신비를 파헤치고 있다.

6. 무한을 넘어서

오늘날 인류는 물질의 궁극에 도전하고 있는 중이다. 이는 우주가 어떻게 만들어져 있는지, 또한 그 안에 있는 물질의 구조가 어떻게 되어 있는가를 완전히 파헤치려는 것이다. 그렇게 되면 우주 자연의 비밀이 모두 풀리게 되는 것일까? 실은 그렇지 않다.

우리가 사는 이 세계는 물질뿐 아니라 초물질 · 생명 · 영혼 · 세계이전, 시공의 끝, 초법칙 등 알 수 없는 신비로 가득 차 있다.

인류는 아직 이러한 영역에 발을 들여놓지 못하고 있는 것이다. 하지만 주역은 오천 년 전부터 이미 자연과 초자연의 모든 비밀을 간직하고 있었다.

인류는 주역을 통해 극한적인 지혜를 습득할 수 있을 것이다. 우리가 사는 세계에 주역이 있다는 것은 하늘의 더할 수 없는 축복이다.

카네기 인생론

삶에 대한 모든 물음은 우리 스스로 체득할 수밖에 없을 것이다.

삶에 대한 어떤 설명도 우리 자신의 삶에 지침이 되기에는 어렵기 때문이다.

이 책은 막연한 설명이 아니라 구체적인 제시를 한다.

우리가 어디에서나 부딪히는 삶의 현장에서 함께 이야기하고자 하기 때문이다.

카네기 출세론

이 세상을 살면서 주어진 삶에 충실하다는 것은 모든 이들의 소망이다.

그리고 가능한 모든 일을 이루어 낸다는 것은 유능한 사람들의 의무이다.

이 책은 유능한 사람들이 나아가야 할 바를 참으로 절실하게 제시해 주고 있다.

또 유능해지고자 하는 모든 이들의 삶을 위하여 봉사하고자 하고 있다.

카네기 지도론

참다운 지도는 함께 나아가는 것이다. 무엇을 제시하거나 지시하기 전에 피지도자가 무엇을 하고자 하는가, 무엇을 할 수 있는가를 알아서 그것을 이끌어주고, 또 그것이 이루어지도록 함께 노력하는 것이다.

이 책은 무엇이 참다운 지도인가를, 즉 어떻게 함께 나아갈 것인가를 그려내 보여주고 있다.

카네기 대화술

올바른 언어의 선택은 의사소통을 보다 원활하게 한다. 훌륭한 대화는 인간행위의 가장 승화된 형태라고 할 것이다.

이 책은 청중을 향하여 효과적으로 이야기하는 방법이 제시되어 있으며, 화술 훈련에 임하면서 경험한 실례를 중심으로 쓰여졌다.

현재를 출발점으로 당신은 효과적인 화술 방법을 통해 자신의 무한한 능력을 깨닫게 될 것이다.

카네기 처세론

최고의 처세라는 것은 우선 최선의 목표를 정하고 그 성취에 이르는 길을 갈고 닦는 것이다. 거기에다 자기를 세우고, 삶을 키워내고, 세상을 이끌어 갈 수 있는 힘을 닦는 것이다.

이 책은 거기에 있는 불후불굴의 조언을 새겨주고 있다.

카네기 자서전

노동자들은 온정에 보답하려는 깨끗한 마음을 갖고 있다. 적어도 진실로써 다른 사람을 대하고 어떤 문제가 발생했을 때 성의를 다해서 전력한다면 그들이 사용자에게 어떻게 대할 것인가 하는 염려 같은 것은 전혀 할 필요가 없다. 그러므로 덕은 외롭지 않다 덕을 베풀면 반드시 그에 대한 결과가 있기 때문이다. 그리고 사업에 성공할 수 있는 가장 큰 원인은 완전한 계산을 통하여 금전과 자채 등의 책임을 충분히 인식시키는데 있다

신념의 마력

인간은 마음 먹기에 따라서 세상의 모습을 바꾸어 놓을 수 있다.

인간이 지닌 많은 힘 가운데 가장 큰 힘이 마음의 힘인 것이다.

신념은 일상생활을 통하여 우리의 이상을 그려낼 수 있는 강한 추진력이다.

이 추진력을 바탕으로 우리는 우리의 생활을 삶을 뜻대로 이루어 갈 수 있는 것이다.

정상에서 만납시다

미국의 유명한 저술가이며 자기개발 성공학의 권위자인 지그지글라가 진정한 성공에 다다를 수 있는 가장 빠른 방법을 제시하고 있다.

29년에 걸친 판매 경험과 인간개발 경험을 살려 각계 각층에서 활약하고 있는 최고 전문가들의 성공철학을 파악, 여섯 단계로 그 비결을 밝혔다.

머피의 마음만 먹으면 당신도 부자가 된다

당신이 만약 풍족하지 않다면 행복하고 풍족한 생활을 결코 영위할 수 없을 것이다. 여기에 풍족한 삶을 누리기 위한 과학적인 방법이 있다. 당신이 성공과 행복과 번영이라는 달콤한 과일을 얻고 싶다면, 이 책에서 이야기하는 것을 정확하게 되풀이해 배우라. 그러면 당신의 앞날을 보다 아름답고, 보다 행복하고, 보다 풍족하고, 보다 고귀하고 보다 웅장하고 큰 규모로 펼쳐질 것이다.

머피의 잠자면서 성공한다

머피의 이론을 바탕으로 하면 자기가 바라는 바 지위나 돈을 어떻게 얻을 것인가, 또는 우호적인 인간관계를 어떻게 실현할 것인가를 터득할 수 있다. 따라서 이 책에 명시된 대로 따르기만 하면 당신은 인생 전반에 걸쳐 기적적인 효과를 얻을 수 있다.

머피의 인생을 마음대로 바꾼다

이 책 속에는 당신의 인생을 변하게 하는 마법과도 같은 방법이 제시되어 있다. 다시 말해 기적이라고 할 만한 이야기들이 가득 차 있다. 당신의 마음속에 내재되어 있는 마법과도 같은 잠재의식을 어떻게 사용해야만 당신이 인생에서 성공할 수 있는지 흥미진진한 실례들을 통해 상세하게 알려주고 있다.

머피의 승리의 길은 열린다

당신은 이 책에서, '인생은 마음먹기에 따라 달라진다'는 평범한 진리가 당신의 인생에 있어서 얼마나 중요한가를 실감하게 될 것이다. 이 책에 제시된 인생의 법칙을 읽고 그것을 당신의 인생에 응용하면, 당신은 당신의 인생을 건강하고 즐겁게, 그리고 유익하고 성공적으로 가꿀 수 있는 힘을 얻게 될 것이다.

머피의 인생에 기적을 일으킨다

마음의 힘에 관해서는 많은 책 속에 여러 가지로 쓰여 있으나, 이 책에서는 당신의 모든 생활을 변환하기 위하여 이 힘을 어떻게 이용할 것인가, 건설적이며 성공할 수 있는 사고방식, 그리고 자신의 생활을 보다 풍족히 할 수 있는 방법 등을 기록했다.

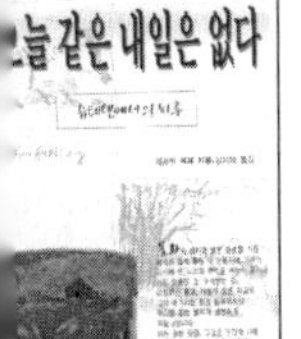

머피의 100가지 성공법칙

인생에서 성공한 사람들을 보면 하나같이 이 잠재의식의 법칙을 실천했던 사람들이다. 만일 당신이 지금 충분히 행복하지 않고, 충분히 부유하지 않으면, 충분히 성공하지 못했다면 그것은 당신이 잠재의식을 충분히 이용하지 못하기 때문이다. 이 책에는 당신이 가고자 하는 성공의 길, 부자가 되는 길, 인생을 한껏 즐길 수 있는 기술이 감추어져 있다.

오늘 같은 내일은 없다

동화 속 샘처럼 맑은 영혼을 가진 헤세가 열에 들뜬 내 눈동자에 가까이다가와 옛 노래의 추억을 속삭여 줍니다.

가장 달콤하고 이상적인 충고, 세월이 흐른 지금도 그의 이야기는 멋진 동화책처럼 우리들 앞에 펼쳐져 생생하게 될살아납니다.

오사카 상인의 지독한 돈벌기 76가지 방법

오사카 상인의 13대 후손이며 미쓰비시 은행의 상무를 역임한 저자가 오늘날 일본 경제를 일군 오사카 상인들의 정신을 분석 수록했다. 무일푼으로 출발하여 그들만의 돈벌이 노하우와 끈질긴 생존능력, 아이디어를 바탕으로 세계적으로 유명한 유태상인과 어깨를 겨룰만큼 성장한 오사카 상인들의 경영비법을 바탕으로 부와 성공을 이룰 수 있는 방법이 자세히 제시되어 있다.

중국 상인의 성공하는 가질 74가지

미국, 일본의 뒤를 이어 세계 3대 경제대국으로 뛰어오른 중국의 숨은 잠재력, 서서히 일본의 경제를 위협하는 존재로까지 급부상한 그들에게 끈질긴 생명력과 강력한 경제력을 지닌 화교 사회는 중국 대륙의 비밀 병기였다.

그들이 성공하기까지 철저히 지켜지는 상인 정신의 기본 자세를 배워 현재의 어려움을 극복하는 지혜를 배운다.

유태상인의 지독한 돈벌기 74가지 방법

유태인들은 화교와 함께 세계 제일의 상인으로 손꼽히고 있다.

그것은 2천 년 동안 국가도 없이 흩어져 살면서 수없이 쏟아지는 박해와 압박을 견디며 일군 끈질긴 민족성의 승리였다. 그들은 열악한 환경 속에서도 자신들만의 독특한 상술을 발휘하여 오늘날 세계 경제를 좌지우지하는 지위에까지 오르게 된 것이다.

임어당의 웃음

우리의 심리적 소질 가운데는 진보와 개혁을 저해하는 어떤 요소가 존재하고 있다. 즉 모든 이상을 웃어넘기고 죄악 그 자체조차 인생의 필요한 부분으로 미소로서 바라보는 유머임을 발견한다.

중국인의 특성의 장점과 단점이 흥미진진한 소재와 감동적인 문체로 전해지는 임어당 문학의 진수!

인디언 우화

동물과 인간의 구분도 없고 생물과 무생물도 구별 할 줄 모르는 그래서 어쩌면 첨단을 달리는 현대과학의 분위기와 맛을 그대로 간직한 채 우주 속에서 살았던 북아메리카 인디언들의 이야기들은 오늘날 잊혀져버린 인간의식의 고향을 찾을 수 있는 오솔길이 될 것이다.

우리 고전 소설

각 작품마다 대표 이본(異本)을 중심으로 한 전체 작품 수록 및 완전 주해(註解)! 이 '우리고전소설' 시리즈는 교과서에 수록된 작품을 총망라하고, 우리 고전 소설을 대표할 수 있는 작품만을 골라 여러 이본(異本)들 중 그 대표적인 것을 선택하여 국내 최초로 작품 전체를 수록, 그 동안 대부분 초록(秒錄)으로만 소개하여 잘못 인식되어 왔던 우리 고전의 진면목을 보여 줌으로써 보다 쉽게 독자를로 하여금 고전의 세계에 다가갈 수 있도록 했다. 또한 어렵게만 여겨 왔던 작품 속의 한자어, 고사성어, 인·지명, 역사 사건 등에 상세한 주해(註解)를 달아 누구든지 매 작품을 완전히 이해하고 감상할 수 있도록 했으며, 각 작품마다 상세한 작품 해설을 덧붙여 한층 더 총체적으로 작품을 감상할 수 있도록 했다.

제1권 금오신화/양반전/허생전/호질/옹고집전/임진록

제2권 홍길동전/춘향전/심청전/숙향전

제3권 장화홍련전/임경업전/구운몽/사씨남정기

제4권 배비장전/조웅전/운영전/유충렬전

제5권 이춘풍전/오유란전/박씨전/전우치전/한중록

전 5 권 각 7.500원

선영사
Sun Young Publishing Co.